Rüdiger Proske

Wider den Mißbrauch der Geschichte deutscher Soldaten zu politischen Zwecken

Eine Streitschrift

Rüdiger Proske

Wider den Mißbrauch der Geschichte deutscher Soldaten zu politischen Zwecken

Eine Streitschrift

v. Hase & Koehler Verlag

Gesamtherstellung: Zechnersche Buchdruckerei, Speyer
Printed in Germany · ISBN 3-7758-1351-9

Inhalt

Einleitung

Der Anlaß für diese Schrift sind die von einem Hamburger Institut für Sozialforschung unter der Leitung des Historikers Hannes Heer am 5. März 1995 in Hamburg eröffnete, zur Präsentation in 20 weiteren Städten in Deutschland und Österreich bis in das Jahr 1997 hinein vorgesehene Wanderausstellung: "Vernichtungskrieg - Verbrechen der Wehrmacht - 1941 bis 1944" und das diese Ausstellung begleitende Buch gleichen Titels.

Die Thesen, von denen die Ausstellung und das Buch ausgehen, hat in einer Diskussionsrunde der Wochenzeitschrift "DIE ZEIT", deren Ablauf am 3. März publiziert wurde, der ZEIT-Redakteur Benedikt Erenz folgendermaßen formuliert:

1. Die Wehrmacht war neben der Partei die zweite Säule des NS-Regimes. Ihre Führung hat die Kriegspolitik Hitlers in den 30er Jahren massiv mit vorangetrieben. Die Generalität war nicht Werkzeug, sondern ein Bundesgenosse Hitlers.

2. Mit dem Krieg im Osten, zunächst gegen Polen und dann gegen die Sowjetunion, begann ein Rassen- und Vernichtungskrieg gegen die slawische Bevölkerung. Soldaten der Wehrmacht waren außerdem hier - wie auch auf dem Balkan - aktiv am Völkermord an Juden und Zigeunern beteiligt.

3. Schätzungsweise 3 Millionen sowjetische Soldaten sind in deutscher Kriegsgefangenschaft umgekommen, bzw. systematisch umgebracht worden. Für diese Verbrechen trägt allein die Wehrmacht die Verantwortung.

4. Im Sommer 1944 begann der Krieg gegen das eigene Volk. Anders als noch im Ersten Weltkrieg war die militärische Führung unwillig oder unfähig, den verlorenen Krieg zu beenden. Ein letztes Mal erwies sich die Wehrmacht als zweite Säule des NS-Regimes, indem sie Hitlers "Totalen Krieg" fast bis zur völligen Zerstörung Deutschlands durchführte.

Was an diesen Formulierungen auffällt, ist ihre ständige Generalisierung: "die Generalität als Bundesgenosse Hitlers" - alle Generäle?; "Soldaten der Wehrmacht - als am Völkermord beteiligt" - wieviele, welche, alle?; "3 Millionen sowjetische Soldaten ... allein von der Wehrmacht ... systematisch umgebracht" - unter welchen Umständen und von wem? Von der Luftwaffe, der Marine, den Front- oder rückwärtigen Verbänden des Heeres? "Die Wehrmacht als zweite Säule des NS-Systems" - jeder der 18 - 20 Millionen Soldaten also, die auf die Politik des Dritten Reiches nicht den geringsten Einfluß hatten? Benedikt Erenz schloß die Aufzählung dieser Thesen mit dem Satz "die Wehrmacht war Teil dieses Unrechtssystems".

"Verbrechen der Wehrmacht" heißt es in Heers Ausstellung und Buch, nicht "Verbrechen in der Wehrmacht" Die Wehrmacht also eine Verbrecherorganisation.

Geschichte ist ein kompliziertes Gewebe unendlich vieler verschieden motivierter Vorgänge. Historisch gesehen sind Generalisierungen nicht unwissenschaftlich, wenn sie empirisch abgesichert werden können. Darum handelt es sich hier nicht. Das Hamburger Institut sucht vorsätzlich Pauschalisierungen allein um politischer Zielvorstellungen willen.

Die hier vorgelegte Schrift ist kein Weißbuch und kann es nicht sein. Die Prozesse in Nürnberg haben klar erwiesen, daß ein Teil der obersten Führungsschicht in der Wehrmacht "verbrecherisch" gehandelt hat. Und natürlich gab es, wie nicht anders zu erwarten, in einem Heer von 20 Millionen Männern Übergriffe, Untaten, Verbrechen. So wohl auch in dem Partisanenkrieg, den Stalin völkerrechtswidrig ingang gesetzt hatte, und auf den die Wehrmacht weder militärisch noch psychologisch vorbereitet war. Die Kriegführung, namentlich von sowjetischer Seite war von Anfang an von unvorstellbarer Grausamkeit und je länger der Krieg im Osten dauerte, umso brutaler wurde er geführt - von beiden Seiten.

Was die Diskussion in der ZEIT und die dann in der Hamburger Kampnagelfabrik eröffnete Ausstellung bewirkten, war von ihren Veranstaltern wahrscheinlich nicht vorhergesehen worden, mit Sicherheit aber auch nicht beabsichtigt. Plötzlich wurde nämlich klar, daß es sich bei der Hamburger Aktion nur um die Speerspitze einer schon lange sich akkumulierenden Entwicklung handelte. Und in ihr waren nicht etwa nur das vor allem von 68ern und ihren Träumen getragene unbedeutende Hamburger Institut für Sozialforschung beteiligt, sondern über viele Jahre hinweg und ganz offiziell auch Mitarbeiter des Militärgeschichtlichen Forschungsamtes der Bundeswehr (MGFA)! selbst. Das Prinzip der pauschalisierenden Generalisierung wurde in der ZEIT-Diskussion von niemandem intensiver verteidigt als von einem Wissenschaftlichen Oberrat des Militärgeschichtlichen Forschungsamtes: Dr. Wolfram Wette. Und zur Eröffnung der Heer'schen Ausstellung erschienen, wenn auch nicht offiziell, der Wissenschaftliche Oberrat Dr. Bernd Wegner und der inzwischen zum Wissenschaftlichen Direktor aufgestiegene Dr. Jürgen Förster. Sie gaben Heers Aktion damit wenigstens persönlich ihren Segen.

Mit dieser Ausstellung war aber nun auch ein Punkt erreicht, an dem eine breitere Öffentlichkeit zu revoltieren begann. Was sich im MGFA jahrelang abgespielt hatte, war ihr im großen ganzen unbekannt geblieben und das Institut für Sozialforschung kannte ohnehin so gut wie niemand. Nun rückten beide in das helle Licht der Öffentlichkeit und viele Soldaten des Zweiten Weltkrieges, die sich nichts hatten zuschulden kommen lassen und nichts bereuen mußten, standen gegen die wohlvorbereitete und mit viel Geld ausgestattete Hamburger Kampagne auf, die sie zu Verbrechern abstempeln wollte. Eine wirksamere Aktivierung von Bürgern gegen eine unerträglich einseitige Geschichtsbetrachtung ist kaum vorstellbar. Heers Ausstellung soll, wie gesagt, bis zum Jahr 1997 insgesamt in 21 Städten gezeigt worden sein. Die Kampagne läuft. Ihrer planvollen Infamie entgegen zu treten, ist das erste Ziel dieser Streitschrift.

Den Zeitpunkt für ihren Angriff auf die Stabilität unserer Gesellschaft haben das Institut für Sozialforschung und seine Sympathisanten gut gewählt. Der Start der Ausstellung ließ sich mit dem 50jährigen Gedenken an das Ende des Zweiten Weltkriegs verbinden. Das 40jährige Jubiläum der Bundeswehr bot den Anlaß, die vierte Eröffnung der Ausstellung in Stuttgart am 10. September 1995 mit viel Prominenz zu schmücken, von der an dem Soldaten-Mörder Urteil beteiligten Bundesrichterin Renate Jaeger und dem linken Sozialdemokraten Erhard Eppler, der dann aber - die Veranstalter überraschend - statt die Wehrmacht anzugreifen, sie gegen Pauschalisierungen verteidigte, über den ehemaligen "Leitenden Historiker" im Militärgeschichtlichen Forschungsamt der Bundeswehr, dem Titular-Professor Dr. Manfred Messerschmidt, bis zu dem jetzigen "Leiter Forschungsbereich" im MGFA, Direktor und Professor Dr. Hans-Erich Volkmann, der seinen Professorentitel als habilitierter Wissenschaftler trägt. Die enge Verbindung einiger Mitarbeiter im MGFA mit der eindeutig linksradikal ausgerichteten Politkampagne des Instituts für Sozialforschung kann als die Fortsetzung von dessen Desinformationsarbeit mit anderen Mitteln verstanden werden und mag, wie noch zu zeigen sein wird, damit zusammenhängen, daß die große Zeit der, wie man sie in Fachkreisen nicht nur scherzhaft nannte, "roten Zelle" im MGFA unter Führung von Manfred Messerschmidt allmählich zuende geht. Diesen Prozeß möglichst voranzutreiben, ist das andere Ziel dieser Streitschrift.

Der Aufbau des MGFA

Um Mißverständnisse zu vermeiden, sei klargestellt, daß die wissenschaftlichen Leistungen des MGFA als ganzes in dieser Schrift keineswegs abgewertet werden sollen, im Gegenteil. Das Amt beschäftigt zur Zeit etwa 200 Mitarbeiter, darunter knapp 50 Historiker. Es kann auf 400, zum größten Teil ausgezeichnete Publikationen verweisen und ist das größte historische Institut der Bundesrepublik mit einer hervorragenden Spezialbibliothek zum Thema Militärgeschichte. Das Amt betreut nicht weniger als drei Museen, in Dresden, Rastatt und Berlin-Gatow. Das für diese Schrift interessierende Gliederungselement des Amtes ist die Forschungsabteilung. Sie besteht aus vier Bereichen:

I Allgemeine Militärgeschichte 1648 - 1939
II Geschichte des Zweiten Weltkriegs
III Sicherheitspolitik der Bundesrepublik Deutschland und der DDR - Entstehungsgeschichte der Bundeswehr
IV Internationale Militärgeschichte seit 1945, Geschichte der NATO und des Warschauer Paktes

Die meisten Wissenschaftler sind in den Bereichen II, III und IV tätig. Für diese Schrift ist allein der Forschungsbereich II interessant. Hier wird als Schwerpunkt an dem auf 10 Bände konzipierten Grundlagenwerk "Das Deutsche Reich und der Zweite Weltkrieg" gearbeitet. Hier liegt das Aktionsfeld der sogenannten "roten Zelle" des MGFA und hier ist der Ort, der die Geschichte des Amtes über weite Strecken zu einer "chronique scandaleuse" hat werden lassen.

Die Errichtung des MGFA geht auf die Generale Dr. Hans Speidel und Adolf Ernst Heusinger zurück und wurde 1956 beschlossen; 1957 kam es zu der provisorischen Installierung einer "Militärgeschichtlichen Forschungsstelle" in Langenau bei Ulm, die 1958 zum "Militärgeschichtlichen Forschungsamt" (MGFA) umbenannt wurde. Als Sitz wurde dem MGFA Freiburg zugewiesen. Im Jahre 1968 mußte sich das Amt von seiner Dokumenten-Zentrale trennen, die in das mit nach Freiburg verlegte "Bundesarchiv - Militärarchiv" überführt wurde. Diese Einrichtung ist organisatorisch eine Abteilung des in Koblenz befindlichen Bundesarchivs und verbleibt, ein wenig unverständlich, in Freiburg, wohingegen das MGFA am 1. Oktober 1994 von Freiburg nach Potsdam verlegt wurde und nun in den Räumen des früheren militärgeschichtlichen Instituts der NVA residiert. Das Forschungsamt untersteht dem Verteidigungsminister, das Archiv dem Innenminister.

Es sind viele und zum Teil recht merkwürdige Umstände, die es dazu haben kommen lassen, daß eine Gruppe von vielleicht sieben oder acht Mitarbeitern einem Amt den entscheidenden politisch einseitigen Stempel aufdrücken konnte. Der Anfang zu dieser langen Geschichte ist in einer Kinderkrankheit zu suchen, deren Auswirkungen sich in ihren tatsächlichen Dimensionen erst allmählich zeigten: der Tatsache, daß das Sagen in dem Amt seit Ende der 60er Jahre auf zwei Schultern verteilt worden war: auf den Offizier an der Spitze und den "Leitenden

Historiker" als dessen mächtigen Gegenpart. Das aber hieß in dem politischen Umfeld, in dem sich die Entwicklung des MGFA vollzog, daß ein Vertreter der in unserer Gesellschaft wohl verunsichertsten Führungsschicht, ein Soldat und Offizier, im ungünstigen Falle einem ideologisch geprägten Wissenschaftler gegenüberstehen mochte, der von der Kulturrevolution der Zeit ja geradezu aufgefordert wurde, Wissenschaft als Machtinstrument zur Unterdrückung und Bekämpfung von Schichten zu nutzen, die von der Linken stigmatisiert waren.

Die Verfassung des Amtes aus dem Anfang der 80er Jahre ist ein Ergebnis langer ideologischer Vorarbeit. In ihr heißt es:
"Die wissenschaftliche Arbeit im Amt ist auf Kooperation angelegt und vollzieht sich derzeit überwiegend in Arbeitsgruppen, die zur Bearbeitung einer bestimmten Thematik gebildet werden. Wenn diese Form der wissenschaftlichen Arbeit auch ein selbstverständliches Bemühen um gemeinsame Ergebnisse voraussetzt, so ist doch die auf individuellen *Grundauffassungen* beruhende wissenschaftliche Aussage des einzelnen Mitarbeiters jeder Reglementierung entzogen."

Was individuelle Auffassungen bedeuten, kann man sich vorstellen, die je nach dem wissenschaftlichen Herkommen fundierte Auffassung jedes Einzelnen eben. *Grundauffassungen* aber meinen im 68er Verständnis leider auch Meinungen von Kollektiven und das heißt: Ideologien.

"Den Mitarbeitern ist die freie, von ihnen selbst wissenschaftlich zu vertretende Forschung, gemäß Art. 5, Absatz 3 Grundgesetz, garantiert. Aus diesem Grunde gibt es keine zweckorientierte amtliche Geschichtsschreibung. Nur so kann der wissenschaftliche Anspruch des Amtes, das Streben nach weitgehend objektiver Wahrheit sichergestellt werden."

Das hört sich gut an. Gemeint war, daß der Offizier an der Spitze des Amtes, der sich schon zuvor immer wieder - nicht zuletzt aus Karrieregründen - bis zur Selbstentäußerung jeder Reglementierung enthalten hatte, nun sogar durch eine Verfassung gezwungen wurde, die ideologisch geprägten Wissenschaftler seines Hauses im Sinne der von ihnen einseitig beanspruchten Meinungsvielfalt eine Unterdrückung praktizieren zu lassen, die, wenn man es dramatisch zuspitzen will, bis zum seelischen Mord geriet. Eine Freiheit der Forschung hat es auf bestimmten Gebieten im MGFA über Jahre hinweg tatsächlich nie gegeben. Die Mitglieder der "roten Zelle" suchten, was die Wehrmacht anging, nicht mehr nach ihrer Geschichte, sondern nur noch nach ihren Verbrechen (die niemand bestreitet) und auf diesem Wege war ihnen nach Ansicht der von ihnen kujonierten Kollegen alles recht: Fälschungen durch Auslassungen und Hinzufügungen, hanebüchene Fehlinterpretationen und die Unterdrückung von Gegenmeinungen.

Um die wissenschaftliche Qualität der Arbeiten im MGFA für die Zukunft zu sichern, war schon von den ersten beiden Amtschefs darauf gedrungen worden, eine Art wissenschaftliche Beratungs- und Steuerungsposition einzurichten. So wurde dann am 1. September 1968 Professor Dr. Andreas Hillgruber, ein ausgewiesener Neuzeit- und Militärhistoriker, auf einer neu eingerichteten B2-Stelle zum "Leitenden Historiker" im MGFA ernannt.

Diese Ernennung war mit der gleichzeitigen Berufung zum Ordinarius an die Universität Freiburg verbunden, eine Doppelbeauftragung, die dann zu gerade abenteuerlichen bürokratischen Problemen führen sollte. Als Professor war Hillgruber Landesbeamter auf einer Stelle, zu der der Bund mitzahlte, als "Leitender Historiker" im MGFA war er Bundeswehrbeamter. Nun fanden kluge Mitarbeiter des Bundesrechnungshofes es für bedeutsam, haargenau die zeitlichen Leistungen Hillgrubers als Landes- und Bundesbeamter auseinander zu rechnen, ein Vorhaben, das als geradezu hirnrissig anmutet. Es entstand also Streit. Zugleich sah sich Hillgruber - dem herrschenden Zeitgeist entsprechend - an der Universität immer mehr den Angriffen der 68er als "Kriegsforscher" ausgesetzt. Am 31. Dezember 1969 gab Professor Hillgruber auf. Vielleicht hätte er, allem Ärger zum Trotz, durchgehalten, wenn er gewußt hätte, was sein Schritt zur Folge hatte.

Am 1. Februar 1970 folgte ihm in dem Amt des "Leitenden Historikers" Dr. Rainer Wohlfeil. Aber Wohlfeil betrachtete die B2-Stelle im MGFA vornehmlich als Pokerkarte für die Berufung an die Universität in Hamburg, die dann alsbald erfolgte. Und damit war es soweit.

Bevor die nun folgende Skandalphase des MGFA begann, hatten zwei Offiziere als Leiter des Amtes dem

MGFA die Ruhe bewahren können: vom 1. April 1958 bis zum 30. September 1964 der Oberst i.G. Dr. Hans Meier-Welcker und vom 1. Oktober 1964 bis 30. September 1969 der Oberst i.G. Dr. Wolfgang von Groote. Wenn man Oberst i.G. Dr. Herbert Schottelius, der vom 1. Oktober 1969 bis 30. September 1972 dem Amt vorstand, entschuldigt vielleicht durch eine schwere Krankheit, noch als schwankendes Rohr im Winde bezeichnen konnte, begann mit dem Kapitän zur See Dr. Friedrich Forstmeier, der vom 1. Oktober 1972 bis zum 30. September 1976 die Führung des Hauses übernahm, endgültig die neue Zeit.

Die Bildung der "roten Zelle"

1969 war die Phase der konservativen Regierungen in der Bundesrepublik zuende gegangen. Am 21. Oktober wählte die SPD und die FDP Willy Brandt zum Bundeskanzler. Damit aber begann die Doppelköpfigkeit in der Führungsstruktur des MGFA, ihre verheerende Bedeutung zu gewinnen: neben dem Soldaten an der Spitze des Amtes machte sich nun, von dem Passat des politischen Wechsels begünstigt, als übermächtiger Gegner der Soldaten ein Wissenschaftler breit: Dr. Manfred Messerschmidt.

Messerschmidt gehört dem Jahrgang 1926 an, ist also kein geborener 68er, fühlte sich aber, wie so viele ältere Linke damals, von der Kulturrevolution in besonderer Weise angesprochen. Er diente von 1943 bis 1945, zuletzt als Obergefreiter, bei den Pionieren. Bevor er Mitte der 60er Jahre in das MGFA eintrat, hatte er nach dem 2. Juraexamen bei einer Versicherungsgesellschaft gearbeitet, und dann unter anderem bei Gerhard Ritter in Freiburg Geschichte studiert und zum Dr. phil. promoviert. Unter der sozial-liberalen Koalition machte er nun im MGFA schnell Karriere. Gegen den ausdrücklichen Willen des Amtschefs, Dr. Herbert Schottelius, und trotz dessen - wegen mangelnder persönlicher, wissenschaftlicher und dienstlicher Eignung und Leistung des Kandidaten - nachhaltig erhobenen Gegenvorstellungen vollzog sich der Aufstieg Messerschmidts zum "Leitenden Historiker" von A14 (wissenschaftlicher Oberrat) zu B2 (verbunden mit dem Titel "Direktor und Professor") in wenigen Wochen.

Schon im Januar 1970 hatte bei dem neuen Parlamentarischen Staatssekretär, Willi Berkhan, eine Besprechung über das MGFA stattgefunden, bei der weitreichende Beschlüsse vorbereitet wurden. Zu dieser Besprechung war der Wissenschaftliche Oberrat, Dr. Messerschmidt, hinzugezogen worden, der Amtschef des MGFA, Dr. Schottelius, dagegen nicht. Nach Meinung von Zeitzeugen ist dieses bemerkenswerte Arrangement auf den Stabsoffizier beim Parlamentarischen Staatssekretär, dem damaligen Major, jetzt längst Generalmajor a.D., Dietrich Genschel, zurückzuführen. Genschel war zur Generalstabsausbildung an der Führungsakademie in Hamburg nicht zugelassen worden und durfte dafür als "Trost" an einem Studium als "studierender Offizier" im MGFA in Freiburg teilnehmen. Hier entstand sein langer persönlicher Kontakt zu Messerschmidt. Zugleich fühlte er sich dem Kreis um Professor Dr. Horst Ehmke, der damals in Freiburg lehrte, eng verbunden und hatte an dem von Ehmke für den "Machtwechsel", der dann 1969 eintrat, vorsorglich erarbeiteten Personaltableau mitgearbeitet. Schließlich nach Bonn berufen, war er es, der dafür sorgte, daß sein Freund Messerschmidt am 16. Dezember 1970 mit der Aufgabe als "Leitender Historiker" beim MGFA betraut wurde. Über dieses Umfeld abgesichert, gewann Messerschmidt eine Stellung im MGFA, die selbst, als sich 1982 in Bonn das politische Karussell erneut zu drehen begann, niemals auch nur einen Augenblick gefährdet war.

Der "Leitende Historiker" ist im MGFA Fachvorgesetzter[1] aller dort tätigen zivilen Historiker. Er ist es auch, der ihre wissenschaftliche Eignung in erster Linie beurteilt. damit ist ihm die Macht an die Hand gegeben, über das Weiterkommen der Wissenschaftler entscheidend zu befinden und so, was sie schreiben, zu beeinflussen. Der Erfolg dieser Regelung war der Opportunismus der einen und der sich zur Verzweiflung steigernde Unmut der anderen, die sich schließlich irgendwie in einen Winkel des Amtes zurückzogen, andere Erwerbsmöglichkeiten suchten oder sich vorzeitig pensionieren ließen.

Durch eine Dienstanweisung vom 26. Juni 1972 wurde dann die Stellung Messerschmidts auch noch bürokratisch weiter verstärkt. Von nun an unterstand der Amtschef dem Stellvertreter des Generalinspekteurs, der "Leitende Historiker" dem Amtschef aber nur in allgemeiner dienstlicher Hinsicht. Dienstvorgesetzter des "Leitenden Historikers" war vielmehr der Bundesminister der Verteidigung selbst. Im Falle eines Dissenses mußte sich der Amtschef an den Dienstvorgesetzten des Historikers wenden. So elegant lassen sich in einer Ministerialbürokratie die Einflußmöglichkeiten eines Konkurrenten mindern.

---

1 Dienst- und Disziplinarvorgesetzter der zivilen Historiker ist der "Leitende Historiker" nicht. Das ist vielmehr der Präsident der Wehrbereichsverwaltung, der sich aber erfahrungsgemäß aus Einzelheiten heraushält und in der Regel alle ihm vorgelegten Beurteilungen unterschreibt.

Genau genommen ist die Stelle des "Leitenden Historikers" völlig überflüssig, weil die Verantwortung für Veröffentlichungen ohnehin entweder bei einem urteilsfähigen Amtschef oder, soweit die Freiheit der Wissenschaft betroffen war, bei den einzelnen Autoren liegen mußte. Die Einrichtung dieser Position war - wie dargestellt - von den ersten beiden Amtschefs dennoch gefördert worden, weil diese sich um die wissenschaftliche Qualifikation ihrer Nachfolger sorgten.

Der erste massive Vorstoß des Messerschmidtschen Linkskaders erfolgte 1979 mit der Veröffentlichung des 1. Bandes der Reihe "Das Deutsche Reich und der Zweite Weltkrieg". Als Autoren zeichneten Wilhelm Deist, Manfred Messerschmidt, Hans-Erich Volkmann und Wolfgang Wette. Damit war zugleich der Kern der "roten Zelle" im MGFA beschrieben.

Dr. Wilhelm Deist, Jahrgang 1931, stand Messerschmidt besonders nahe und wurde umgehend zum Projekt-Gruppenleiter "Zweiter Weltkrieg" bestimmt. Im Dritten Reich - so das "Deutschland Magazin" vom 1. Mai 1988 - war Deist Schüler in der "NS-Reichsführerschule für Kampf gegen Judentum und Bolschewismus" in Feldafing gewesen, einer Einrichtung, in der fanatischer Führernachwuchs für das Dritte Reich ausgebildet wurde. Wie bei Renegaten so gut wie immer zu beobachten, hatte er mit der Verdrängung seiner antibolschewistischen Erziehung nun besonderes Verständnis für die bekanntlich friedliebende Sowjetunion und deren so tolerante marxistische Geschichtsbetrachtung entwickelt. Dieser neue Charakterzug kam dann 1984 während des Prozesses zum Ausdruck, den er gegen seinen MGFA-Kollegen Dr. Joachim Hoffmann führte und dem er, wie noch im einzelnen darzustellen sein wird, gerichtlich einige nach Deists Auffassung allzu kritische Anmerkungen Hoffmanns dem Stalin-Staat gegenüber verbieten lassen wollte. Deist verlor den Prozeß.

Hans-Erich Volkmann war 1968 30 Jahre alt, drei Jahre später (1971) trat er von der CDU zur SPD über, weil ihm die Ostpolitik Willy Brandts, wie so vielen Intellektuellen damals - so auch dem Autor dieser Schrift - sympathisch war und notwendig erschien. Allerdings begriff er um der Verständigung mit dem Osten willen auch die marxistischen Betonköpfe in der "DDR" in erster Linie als Kollegen. Im Gegensatz zu Messerschmidt ist er habilitierter Professor. Auch er machte schnell Karriere und wurde, aufgrund einiger Begabung wenigstens auf dem Gebiet der Organisation wissenschaftlicher Projekte, ohne spezifische Vorkenntnisse zum Projekt-Gruppenleiter "Bundeswehr" berufen. Auch in seiner jetzigen Position als "Leiter Forschungsbereich" des mittlerweile in Potsdam befindlichen MGFA beachtete er eine größtmögliche Ferne zum Dienstherrn. Nach Ansicht seiner Kollegen ist ihm die Bundeswehr als Institution ein Buch mit sieben Siegeln.

Der vierte im Bunde, Dr. Wolfram Wette, Jahrgang 1940, wird in den Hochschulpolitischen Informationen, (HPI), vom 18. April 1980 als ein Mann beschrieben, "der sich wohl selbst als eine Art Jusopolitruk versteht". Sein Doktorvater war Hans Maier. Wette ist nicht Historiker, sondern Politikwissenschaftler. 1972 war er

Hauptmann in der Fernmeldetruppe der Bundeswehr, wechselte von der CDU zur SPD und ließ sich nach dem Besuch eines unerläßlichen Lehrgangs zum Beamten im MGFA "umwidmen". Er ersetzt Fachwissen durch bemerkenswerte Arroganz und Selbstgefälligkeit.

Nicht Kriegsgeschichte solle in dem einleitenden und damit richtungsweisenden 1. Band der Reihe "Das Deutsche Reich und der Zweite Weltkrieg" wiedergegeben werden, meinte Professor Messerschmidt, sondern die "Geschichte der Gesellschaft im Kriege". Nicht etwa Fachhistoriker, sondern "zeitgeschichtlich interessierte Leser, Studenten und Schüler" sollten das Mammutwerk in die Hand nehmen, - dieses Opus, dem "überall das Kainsmal des Verbrecherischen eingebrannt ist und die 1939 am polnischen Feldzug beteiligten Soldaten in die Nähe von Auschwitz gerückt werden, das ständig Klischees verwendet, die bezeichnend sind: die Arbeiterklasse ist friedliebend, das Bürgertum kriegstreibend, und das unbesehen den Faschismusbegriff kommunistischer Terminologie übernimmt" (Hochschulpolitische Information, HPI, 18. April 1980).

Nicht um die Erkenntnis der historischen Wissenschaft ging es hier, sondern um die "volkspädagogische Absicht" im Sinne einer ganz bestimmten Ideologie, - um den Mißbrauch der Geschichte zu politischen Zwecken.

Noch allerdings war die Schlacht um die Ausrichtung des MGFA nicht verloren. Der Chef des Amtes verfügt allein über das Recht des Imprimatur, die Erteilung der Druckerlaubnis. Inzwischen - am 1. Oktober 1976 - war Oberst i.G. Dr. Othmar Hackl an die Spitze des Amtes getreten und hatte sich mit aller Kraft darum zu bemühen, daß der Band 1 einwandfrei wissenschaftlichen Voraussetzungen entsprach.

Bei Sitzungen der Arbeitsgruppe I 2-4 zwischen dem 19. Januar und 9. Februar gerieten vor allem die Beiträge von Deist und Wette in das Kreuzfeuer der Kritik. Daraufhin wurde auf Rat des für das MGFA zuständigen Referats im Führungsstab der Streitkräfte der wissenschaftlich als hervorragend ausgewiesene Ordinarius für Politische Wissenschaft an der Bonner Universität, Professor Dr. Karl Dietrich Bracher, am 31. März 1978 um ein Gutachten gebeten. Am 21. April 1978 lag es vor. Es fiel sehr kritisch aus. Am 2. Mai 1978 entschied Dr. Hackl, dem Wette-Beitrag nicht das Imprimatur zu erteilen. Messerschmidt tobte. Schon gegen das Einholen eines Gutachtens von Professor Bracher hatte er, zusammen mit Deist, beim Stellvertreter des Generalinspekteurs Beschwerde eingelegt, - was ein bezeichnendes Licht auf die Machtverhältnisse in dem Amt wirft. Der Rechtsberater des Generalinspekteurs wies die Beschwerde ab. Aber durch die inzwischen eingetretenen Verzögerungen war die Veröffentlichung des Bandes unter Zeitdruck geraten. Zugleich drohten mit weiteren Aufschüben erhebliche finanzielle Mehrbelastungen, die vom MGFA vor dem Ministerium hätten vertreten werden müssen. So war, als Hackl am 17. August 1978 Professor Bracher um ein Anschlußgutachten bat, der Krieg bereits im Grunde verloren. Am 6. September 1978 war das Gutachten fertig. Es hielt an seiner Kritik fest. Inzwischen aber habe der Gutachter wesentliche

Verbesserungen gegenüber den vorangegangenen Entwürfen zugestanden, im Vorwort ließe sich auf den Diskussions- und Kontroverscharakter der Beiträge hinweisen und da war auch noch die Eigenverantwortung der Autoren. So gab der Amtschef schließlich schweren Herzens das Imprimatur.

Der Vorgesetzte des Offiziers an der Spitze des MGFA und damit dessen institutionelle Stütze ist, wie gesagt, der jeweilige Stellvertreter des Generalinspekteurs. Der aber ist meist nur ein Administrator *aller* zentralen militärischen Dienststellen und steht den wissenschaftlichen Problemen des MGFA sehr fern. Wenn also er dem Amtschef keine große Hilfe sein konnte, so konnte das aber vielleicht der Chef des Leitreferats im Bundesverteidigungsministerium und dieser Posten war seinerzeit sogar von einem einsichtigen Ministerialrat besetzt. Aber wenn sich der Amtschef über seinen "Leitenden Historiker" beschweren wollte, mußte er zum Minister gehen und der gehörte der SPD an, die an der Stigmatisierung der Soldaten ihren Anteil hatte. Und dazu drohte dann auch noch der Artikel 5, Absatz 3 des Grundgesetzes, der nach dem Zeitverständnis nun einmal eher für die "einen" als für die "anderen" galt. So hütete sich auch der Ministerialrat, den Minister zu belästigen. Mit Hackls Imprimatur war der Kampf um die Vorherrschaft im MGFA zwischen dem Amtschef und den Ideologen - selbst wenn diese zunächst etwas zurückgedrängt worden waren - auf lange Zeit entschieden. Der Vorhang vor der Bühne der "chronique scandaleuse" konnte aufgehen.

Der Traditionserlaß der Bundeswehr

Der erste Akt erschien noch harmlos, aber wirkt bis heute fort. Es ging um den Traditionserlaß für die Bundeswehr, der am 1. Juli 1965 unter dem damaligen Generalinspekteur, General Heinz Trettner, und Verteidigungsminister Kai-Uwe von Hassel erlassen worden war. In ihm distanzierte sich die Traditionspflege der frühen Bundeswehr zwar von der unmittelbaren Vergangenheit, wollte aber das Kind nicht mit dem Bade ausschütten. Der so entstandene Fleckerlteppich entsprach der Wirklichkeit, der Vernunft und der Erfahrung. Damit aber stieß er auf den entschiedenen Widerstand der sich nun entwickelnden Welt der 68er mit ihrer "Alles oder Nichts-Variante" des Menschen und ihrer Parole: "Erfahrung ist Faschismus". Am 21./22. Februar 1981 griff Messerschmidt mit einem Artikel in der SÜDDEUTSCHEN ZEITUNG in das Geschehen ein: "Die Militärs im NS-Staat - kein gültiges Erbe". Zentraler Satz: "Sie (die Wehrmacht) war tatsächlich neben der SS der stählerne Garant des Systems", wohlgemerkt *neben* der SS, - und die SS war in Nürnberg schließlich zur *verbrecherischen Organisation* erklärt worden. Der Grund zu der späteren Zusammenarbeit mit Hannes Heer und seiner Ausstellung "Verbrechen der Wehrmacht ..." war gelegt und die Wende Messerschmidts zum kompromißlosen Radikalen vollzogen.

Zusammen mit Soldaten wehrte sich auch die Wissenschaft. Oberst i.G. Dr. Rolf Elble, langjähriger Vertreter des Amtschefs im MGFA, schrieb im April 1981 einen

Gegenartikel "Keine gültigen Aussagen ...". Aber Messerschmidts Artikel war eben in der SÜDDEUTSCHEN ZEITUNG erschienen, Elbles Antwort in SOLDAT IM VOLK, und wer las schon die ohnehin als Rechtspostillen abgestempelten Blätter der Soldaten. Elble gab nicht nach und als Messerschmidt seine These auch noch mit einem Artikel "Das Verhalten der Wehrmacht im NS-Staat und die Frage der Traditionsbildung" in der hochgeachteten Wochenzeitung DAS PARLAMENT lancieren konnte (B 17/81), gelang es Elble wenigstens, seine Antwort "Die Wehrmacht - stählerner Garant des NS-Systems?" im gleichen Blatt unterzubringen (B 34/81). Nun war es vor allem die BADISCHE ZEITUNG, die mit erstaunlicher Gehässigkeit das Thema am Leben erhielt, und als dann 1982 die Zeit der sozialdemokratisch-liberalen Koalition zuende ging, gelang es unter Mitwirkung Messerschmidts, den amtierenden Verteidigungsminister Hans Apel dazu zu bewegen, eine neue Fassung des Erlasses durchzusetzen. Die neue Formulierung wurde am 17. September 1982 im Verteidigungsausschuß beraten. Genau am gleichen Tag beendete Helmut Schmidt im Plenum des Bundestages die Koalition. Der Ausschuß beschloß dennoch, daß die neue Fassung, die einer parlamentarischen Behandlung nicht bedurfte, am 20. September 1982 in Kraft zu treten habe. So fallen in dem Parteienstaat Bundesrepublik Entscheidungen von außerordentlicher Tragweite.

Apels Nachfolger, Manfred Wörner, versprach, den neuen Entwurf zu kassieren. Er hatte, wie noch zu zeigen sein wird, auch noch andere interessante Pläne, - aber dann kam eben noch so vieles dazwischen, und so blieb es bei dem, was 1982 mit so heißer Nadel genäht worden war.

Spürte man in dem Entwurf von 1965 immer noch einen Hauch von geschichtlicher Verbundenheit und Wärme: "In der Geschichte nahmen alle Menschen teil an Glück und Verdienst, wie an Verhängnis und Schuld"; so hieß es dann 1982: "In der pluralistischen Gesellschaft haben historische Ereignisse und Gestalten nicht für alle Staatsbürger gleiche Bedeutung, geschichtliche Lehren und Erfahrungen nicht für alle den gleichen Grad an Verbindlichkeit. *Tradition ist auch eine persönliche Entscheidung.*" Und so ging es weiter. 1965: "Die deutsche Wehrgeschichte umfaßt in Frieden und Krieg zahllose soldatische Leistungen und menschliche Bewährungen, die überliefert zu werden verdienen." 1982: "Die Geschichte deutscher Streitkräfte hat sich nicht ohne tiefe Einbrüche entwickelt. In den Nationalsozialismus waren Streitkräfte teils schuldhaft verstrickt, teils wurden sie schuldlos mißbraucht. Ein Unrechtsregime, wie das Dritte Reich, kann Tradition nicht begründen." Kein Wort mehr von Preußen, kein Wort mehr von den Freiheitskriegen; der Widerstand am 20. Juli 1944 galt im Sinne Messerschmidts als marginales Ereignis. Die Geschichte begann von nun an gleichsam mit Apel und der Bundeswehr. "Die Bundeswehr pflegt bereits eigene Traditionen ... Traditionen von Truppenteilen ehemaliger deutscher Streitkräfte werden an Bundeswehrtruppenteile nicht verliehen. Fahnen und Standarten früherer deutscher Truppenteile werden in der Bundeswehr nicht mitgeführt oder begleitet." Vielleicht benötigt man wirklich keine Fahnen und Standarten früherer Truppenteile, obwohl das die Franzosen, Engländer und Amerikaner ganz anders sehen. Aber die Geschichte auf das noch nicht einmal 30 Jahre lange Bestehen der Bundeswehr zu beschränken, spricht schon für den Horizont von Kleingärtnern.

Der neue Traditionserlaß mit seinem Hinweis auf die schuldhafte Verstrickung der Streitkräfte im Nationalsozialismus war einerseits das Ergebnis der langjährigen Arbeit der "roten Zelle" im MGFA, anderseits verstärkte er eine Entwicklung, welche die "rote Zelle" im MGFA zu einer Art Machtzentrum sui generis werden ließ.

Als Beamte des Amtes waren ihre Mitglieder Angehörige der Bundeswehr. Ihr Dienstherr war der Bundesminister der Verteidigung. Die Bundeswehr bezahlte ihnen gute Gehälter und ermöglichte ihnen Arbeitsbedingungen, von denen Historiker in anderen Institutionen nur träumen konnten. Auf den Gedanken, daß von ihnen als Beamte gegenüber ihrem Dienstherrn auch Loyalität eingefordert werden muß, kamen sie erst gar nicht. Wahrscheinlich hielten sie diesen Begriff ohnehin für eine Sekundärtugend. Emsig bastelten sie unangefochten an ihrem Verbrechermodell der Wehrmacht, beschrieben die engen Verbindungen zwischen dieser Verbrecherorganisation zur Bundeswehr (der sie, wie gesagt, angehörten), sorgten für Voraussetzungen für das unbegreifliche Urteil der 3. Kammer des 1. Senates des Bundesverfassungsgerichtes vom 19. September 1994, das es als nächsten Schritt der Stigmatisierung zuließ, Soldaten als Mörder zu diffamieren, und bemühten sich im Sinne ihrer vorgefaßten

Meinung für eine Verklitterung historischer Quellen, die ihresgleichen sucht.

Als mit Heers erster Ausstellung in Hamburg eine Welle der Empörung aufbrach und zahlreiche Bürger sich an das MGFA wandten, um eine Richtigstellung zu Heers Hetztiraden zu gewinnen, bekamen sie keine oder nur unglaublich ausweichende Antworten. Das MGFA empfand sich und erwies sich für die Aufklärung von Unwahrheiten wegen des angeblich so hoch zu haltenden Pluralismus der Meinungsäußerung als nicht zuständig.

Die Auseinandersetzung um den 4. Band der Reihe: "Das Deutsche Reich und der Zweite Weltkrieg"

Inzwischen war die Zeit herangereift, da ein weiterer Band der Reihe "Das Deutsche Reich und der Zweite Weltkrieg" erscheinen sollte, der Band 4, der schließlich den Titel "Der Angriff auf die Sowjet-Union" trug. Wie nicht anders zu erwarten, mußten sich an diesem Thema die Geister endgültig scheiden. Und sie schieden sich auch, - bis zu einem Punkte, da man das Verhalten der Forschungsabteilung des MGFA einfach nur noch als pathologisch bezeichnen konnte. Zunächst war die Arbeitsgruppe mit den Wissenschaftlern Dr. Horst Boog, Dr. Ernst Klink, Dr. Hartmut Schustereit, Dr. Joachim Hoffmann und - wohl ein wenig verzögert - Dr. Jürgen Förster besetzt, der bereits 1975 eine Arbeit über "Stalingrad. Risse im Bündnis 1942/43" vorgelegt hatte. Die ersten vier Wissenschaftler waren älter und verfügten über viel Erfahrung, waren aber auch, jedoch mit solidem wissenschaftlichem Hintergrund, eher konservativ. Dr. Jürgen Förster, als Jüngerer ebenso freundlich wie leichtgewichtig, galt als fortschrittlich. Diese Verteilung - so die Auffassung der konservativen Seite - habe dem "Leitenden Historiker" so sehr mißfallen, daß er die Beiträge Schustereits am 17. Februar 1981 mit förmlichem Bescheid aus dem Band verwiesen habe, da sie, wie Messerschmidt vor Gericht aussagte zwar "wissenschaftlich einwandfrei" gewesen seien, aber nicht seinen

"Perspektiven" entsprochen hätten. Ob damit vielleicht tatsächlich nur konzeptionelle Einwendungen gemeint gewesen sein könnten, wollte Dr. Hartmut Schustereit nicht einsehen. Am 7. Juli 1981 erhob Dr. Schustereit beim Verwaltungsgericht in Freiburg Klage - zunächst um Aufnahme seines Beitrags, schließlich wenigstens um eine schriftliche Begründung der Ablehnung. Das Gericht lehnte die Klage in einem Urteil vom 2. Februar 1983 ab: "Die Ablehnung des Militärgeschichtlichen Forschungsamtes, die wissenschaftliche Arbeit eines bei ihm tätigen und mit der Arbeit dienstlich betrauten Historikers in einem vorgesehenen Geschichtswerk zu veröffentlichen, ist kein Verwaltungsakt, sondern eine innerdienstliche Maßnahme ... Aufgrund der Fürsorgepflicht ist der Dienstherr nicht verpflichtet, nachträglich eine schriftliche Begründung für eine bereits mündlich bekanntgegebene Entscheidung auszuhändigen." In der Tat hatte es über Schustereits Passagen umfassende Diskussionen gegeben, die den Autor aber nicht überzeugen konnten. Immer wieder hatte er darauf hingewiesen, daß Messerschmidt und Deist - er war Leiter des Projektes "Zweiter Weltkrieg" - allein aus ideologischen Gründen seinen Beitrag abgelehnt hätten. "Gegen diese Annahme spricht," meinte indessen das Gericht, "daß die Entscheidung des MGFA gegen eine Veröffentlichung auf einem übereinstimmenden Votum des 'Leitenden Historikers' des MGFA, des Projektleiters und des Teamleiters K. beruht."

Teamleiter war Dr. Ernst Klink, der eher der konservativen Fraktion zugerechnet wurde. Und eben deshalb bedarf der Fall einer etwas genaueren Betrachtung.

Auch Dr. Klink hatte mit Dr. Deist Erfahrungen sammeln können. Im Sommer 1981 wurde Klinks Beitrag zu dem Band 4 von Dr. Deist einbehalten und von ihm in siebenmonatiger Arbeit sinnentstellend umgearbeitet. Dr. Klink war einem Nervenzusammenbruch nahe. Zusammen mit Dr. Hoffmann stürmte er zu Dr. Messerschmidt, der sich gerade in Gesellschaft anderer Amtsangehöriger befand. Coram publico warf Klink Messerschmidt in höchster Erregung "menschenverachtende Infamie" vor. Zu den Zeugen dieses Auftritts gehörte auch der heutige Amtschef des MGFA, Dr. Werner Rahn. Bevor der Band erschien, hat Dr. Klink dann die entstellenden Änderungen des Dr. Deist in seinem Manuskript - so gut es unter den herrschenden Umständen ging - wieder rückgängig gemacht.

Schustereits Beitrag zu dem Band 4 betraf Nachschubfragen, den Munitionsvorrat und -verbrauch der Offensive gegen die Sowjetunion und ähnliches. Mit dem von ihm zusammengetragenen Zahlenmaterial wollte er den Beweis führen, daß "Barbarossa" eben kein Angriffs- sondern ein Präventivkrieg gewesen sei. Damit stieß er mit Messerschmidt und Deist natürlich frontal zusammen.

Aber das von ihm zusammengetragene Material war anderseits auch so umfangreich, daß sein Beitrag den Band, der ohnehin schon von 500 geplanten auf 1200 Seiten angewachsen war, formal gesprengt hätte. Als Schustereit, der inzwischen ein wenig an Kohlhaas zu erinnern begann, dann noch einen Kompromißvorschlag ablehnte, im Band 4 nur einen Auszug seiner Darlegungen und den Gesamtbeitrag in einem Sonderband zu veröffentlichen, stimmten Dr. Ernst Klink und der Amtschef Dr. Hackl, wenn auch widerstrebend, der Ablehnung von Schustereits Texten zu.

Sorgfältig hinter angeblichen wissenschaftlichen Begründungen getarnt, begann Messerschmidt nun, die Arbeitsgruppe für den Band 4 umzubesetzen. An die Stelle Schustereits trat ein ganz junger Wissenschaftler, Rolf Dieter Müller, der noch um seine Karriere bemüht sein mußte. Aber damit waren die Konservativen immer noch in der Überzahl. So verstärkte Messerschmidt das Team um ein weiteres Mitglied, den weit links stehenden und, wie seine mittlerweile beachtliche außerdienstliche Publikationsliste aufweist, recht geschäftstüchtigen und fleißigen Dr. Gerd R. Ueberschär. Um dem Ganzen den richtigen Drall zu geben, wurde dem Band 4 dazu eine Einleitung aus der Feder Messerschmidts und eine Schlußbetrachtung von Dr. Jürgen Förster aufoktroyiert. Dr. Förster durfte zudem nicht weniger als 7 Gelenkstellen des Bandes ideologische Richtungsweisungen erteilen. Drei der sechs Autoren - die wissenschaftlichen Direktoren Dr. Boog, Dr. Hoffmann und Dr. Klink erhoben Einspruch. Natürlich ohne Erfolg. Immerhin aber erzwangen sie dann doch, daß in die Schlußbetrachtungen des Dr. Förster ein Vermerk eingefügt werden mußte, daß mehrere der sechs Autoren den Text nicht mittrügen (Seite 1079). An der ideologisch wasserdichten Verpackung dieses bemerkenswerten Werkes änderte das indessen nichts.

Bei dem wissenschaftlichen Streit um den Band 4 ging es - wie gesagt - um die Frage, ob Hitlers Krieg 1941 gegen die Sowjetunion ein Angriffskrieg gewesen sei oder ein Präventivkrieg, der Stalin zuvorkommen wollte. Hoffmann neigte vorsichtig eher zu der Präventivkriegstheorie. Das galt aber im Sinne Messerschmidts schlicht als ein Sakrileg, das selbst als Ansatz unter allen Umständen zu verhindern war. Und so geschah etwas, was schon eher als ein sich über Jahre hinziehender Affentanz angesehen werden muß. Wie ebenfalls bereits gesagt, war der Leiter des Projekts "Zweiter Weltkrieg", an dessen Band 4 Dr. Hoffmann engagiert und kenntnisreich mitwirkte, der schon im Band 1 der Reihe bemerkenswert aufgefallene Dr. Wilhelm Deist. In zahllosen Projektsitzungen und Einzelbesprechungen versuchte er nun seit 1980, Dr. Hoffmann zu Änderungen seines Textes zu überreden, - wobei diese Überredungskünste sich bis an den Tatbestand der Nötigung (Projektsitzung am 9. Juni 1980) ausdehnten.

Der Höhepunkt dieser Pressionen wurde am 21. Juli 1981 erreicht, als Dr. Deist in einer Einzelbesprechung Dr. Hoffmann aufforderte, sein gesamtes Kapitel 12 "Methoden des Vernichtungskrieges" ersatzlos zu streichen.

Als dann auf einer Projektsitzung am 10. September 1982 Dr. Hoffmanns Gedankengänge zur Problematik der Bände 7-10 von Dr. Messerschmidt und Dr. Deist brüsk zurückgewiesen und weitere Vorschläge überhaupt nicht mehr diskutiert wurden, bat Dr. Hoffmann am

22. November 1982 den Amtschef um seine Entbindung von der Zusammenarbeit mit Dr. Deist.

Diese Bitte wurde in der Folgezeit mehrfach wiederholt (zuletzt am 30. September 1983) und mündete schließlich in ein Gespräch mit dem Amtsleiter Dr. Othmar Hackl ein und dessen dienstliche Weisung, alles, was Dr. Hoffmann Dr. Deist vorwerfe, zusammenzustellen. Diese Zusammenstellung lag am 7. November 1983 vor (Anlage 1) und enthielt 10 Vorwürfe einer ideologischen Einflußnahme des Projektleiters. Dr. Hoffmann sah sich zu dieser Aufstellung dienstlich aufgefordert und verpflichtet. Dr. Messerschmidt, von Dr. Deist angerufen, hielt das Schriftstück dagegen für einen Beschwerdebrief. Das folgende Hick-Hack über "dienstlich" oder "nicht dienstlich" kann hier übergangen werden, weil der Streit im Grunde keine Rolle mehr spielte, außer daß sich Dr. Hoffmanns Beschwerden nun unvermeidlicherweise herumsprachen. Das aber konnte Dr. Deist nicht auf sich sitzen lassen und so übergab er am 22. Dezember 1983 Dr. Hoffmanns Schrift seinem Rechtsanwalt, zog vor das Landgericht in Freiburg und forderte von Dr. Hoffmann Unterlassung und Widerruf in Bezug auf fünf Vorwürfe (Anlage 2). Diese fünf Vorwürfe entsprachen 4 der 10 von Dr. Hoffmann am 7. November 1983 dem Amtschef vorgetragenen Punkte. Das aber hieß, daß Dr. Deist sechs der in der Schrift gemachten Vorwürfe zunächst einmal wortlos anerkannte.

Das Gericht wies die Klage von Dr. Deist in einem Urteil vom 19. Juni 1984 ab und bürdete ihm die Kosten des Verfahrens auf. In der Zusammenfassung am Schluß des

Urteils heißt es: "Da der Beklagte bei der Abfassung des Schreibens in Wahrnehmung berechtigter Interessen gehandelt und ferner Vorgänge zur Kenntnis des Dienstvorgesetzten gebracht hat, die *als Dienstvergehen gewertet werden können*, ist er selbst dann nicht zum Widerruf und zur Unterlassung verpflichtet, wenn er die Grenzen der freien Meinungsäußerung überschritten hätte. Man beachte: "Vorgänge, die als Dienstvergehen gewertet werden können"! - irgendwelche Disziplinarmaßnahmen gegen Dr. Wilhelm Deist gab es jedoch nicht. Der Kampf wurde dann noch bis zur Festlegung des Titels für den Band 4 fortgesetzt. Messerschmidt und Deist wünschten den Titel: "Der Überfall auf die Sowjetunion". Unter Mühen konnten Hoffmann und seine Kollegen dann aber doch noch den Titel : "Der Angriff auf die Sowjetunion" durchsetzen.

Um ihrer ideologischen Position angesichts des von Deist verlorenen Prozesses neuen Raum zu verschaffen (und für das MGFA erarbeitete Material ökonomisch zu nutzen!), veröffentlichten Wolfram Wette und Gerd R. Ueberschär noch 1984 privat den Sammelband "Das Unternehmen Barbarossa als Eroberungs- und Vernichtungskrieg", in dem sie nun ihren vorgefaßten Meinungen freien Lauf lassen konnten.

In einer Stellungnahme zu der ersten Fassung dieser Streitschrift stellte das MGFA dem Verteidigungsministerium gegenüber fest: "Der Band 4 enthält in keinem Beitrag Aussagen, die nicht von den jeweiligen Autoren gebilligt und zum Druck freigegeben worden sind."

Wieder einer der schlimmen Taschenspielertricks des MGFA. Boog hatte als Autor mit der ideologischen Auseinandersetzung nichts zu tun, Hoffmann hatte sich gewehrt, die Ideologen hatten erreicht, was sie erreichen wollten, und Klink war froh, seinen Text wenigstens einigermaßen repariert zu haben. Als Leiter der Arbeitsgruppe hätte er noch als einziger protestieren können. Aber schwer kriegsverletzt und durch Lebensumstände belastet, war er des Streits mit den mächtigen Figuren des MGFA müde. Unter welchen psychologischen Druck man ihn inzwischen gesetzt hatte, wurde bereits geschildert und so widersetzte auch er sich nicht mehr dem Imprimatur des Amtschefs. Dr. Hackl seinerseits konnte eine Ablehnung vor dem Minister, eben weil alle Autoren ihre eigenen Texte billigten, kaum noch vertreten und so blieb der Band 4, was er war: eine Katastrophe und ein Meilenstein für Messerschmidts raffinierte Intrigen.

Ein anderer Vorwurf des MGFA gegen diese Streitschrift lautet: "Die in der Streitschrift erwähnte verwaltungsrechtliche Auseinandersetzung Dr. Deist/Dr. Hoffmann fand mehrere Monate *nach* der Veröffentlichung des o.g. Bandes statt." In der Tat brach das helle Feuer dieses Schwelbrandes erst nach dem Erscheinen des Bandes 4 (Mai 1983) aus, aber es hatte diesen Schwelbrand bereits 1980 gegeben und alle hatten davon gewußt. Als Dr. Hoffmann 1983 dem Amtschef gesprächsweise erzählte, unter welchen massiven Druck er als Mitautor des Bandes 4 gesetzt worden war, antwortete dieser: "Das weiß ich".

Diese Streitschrift will nicht in der hier vorgestellten strittigen Frage Partei nehmen. Sein Autor neigt eher der Angriffsthese zu, wenn auch in letzter Zeit aus Moskauer Archiven mancherlei Materialien bekannt geworden sind, die Dr. Schustereits und Dr. Hoffmanns Auffassung stützen, und neuere Forschungsergebnisse auch ehemaliger sowjetischer Historiker zu einer differenzierten Betrachtung beider Standpunkte Anlaß geben. Um was es dem Autor in dieser Schrift vielmehr geht, ist, Kritik an einem Amt zu üben, das sich nicht gescheut hat, wissenschaftlich fundierte Meinungen zu unterdrücken und damit wieder und wieder gegen das Grundgesetz zu verstoßen.

Der Ende 1982 vollzogene politische Wechsel in Bonn zu einer christlich-liberalen Koalition und die Ablösung Apels durch Manfred Wörner als Verteidigungsminister erweckten im MGFA natürlich die Hoffnung, daß nun das Unterdrückungssystem der sogenannten "roten Zelle" ein Ende haben werde. Nichts dergleichen indessen geschah. Kaum hatte sich Wörner so weit eingearbeitet, daß er Bewegungsfreiheit für neue Regelungen im MGFA gewann, stolperte er Ende 1983 in die Kießling-Affaire, die ihm beinahe seinen Stuhl kostete und ihm noch bis weit in das Jahr 1984 eine schlechte Presse bescherte. Von nun an war sein Blick nur noch darauf gerichtet, den Weg zu seinem fest ins Auge gefaßten Karriereziel, nämlich Generalsekretär der NATO zu werden, nicht mehr durch was auch immer zu gefährden. 1988 hatte er sein Ziel erreicht. Die notwendige Reform des MGFA war auf der Strecke geblieben. In einem Anflug von Verzweiflung verfaßte damals, im Oktober 1984, der Oberstleutnant a.D. Otto Münter eine Denkschrift, die er dem Bundesverteidigungsministerium vorlegte "Zur gegenwärtigen Lage im MGFA".

In ihr beschrieb er, wie weit sich die Auffassungen von Messerschmidt, dem "Leitenden Historiker", von den Prinzipien Leopold von Rankes unterschieden, beschrieb Messerschmidts abenteuerliche Personalpolitik, seine politischen Verbindungen zur Hardthöhe und die ständige Benutzung seines Professorentitels, um bei seinen zahlreichen Vortragsveranstaltungen im In- und Ausland seinen persönlichen radikalen Meinungen das Gütesiegel eines Amtes der Bundeswehr aufzudrücken. Auch beschrieb Münter die engen Beziehungen des Amtes zu DDR-Historikern, deren Arbeiten Messerschmidt als "wissenschaftlich anerkannt" zu loben wußte. Dr. Deist und Professor Dr. Volkmann vertraten im Amt die Meinung, daß es "ohne marxistische Methoden" eben nicht ginge. Eine Meinung, die jeder für sich natürlich haben kann, die aber gegen den Artikel 5 Absatz 3 verstößt, wenn man, wie es ständig geschah, forderte, daß alle Mitarbeiter des Amtes sich nach diesen Auffassungen zu richten hätten. Die als Forschung getarnte Propaganda der DDR-Autoren Olaf Groehler, Norbert Müller und Helmut Otto wurde kritiklos übernommen und als MGFA-Erkenntnisse weitergegeben. Im Ostblock gelte Messerschmidt als Dank dafür als "persona grata". "Nur eine Ablösung des 'Leitenden Historikers' und des Projektgruppenleiters", so schloß das Papier, "kann Erfolg bringen. Ob sich das Ministerium zu diesem Schritt aufraffen kann, ist die große Frage, von der die Zukunft der deutschen Militärgeschichtsschreibung abhängig ist".

Natürlich konnte sich das Ministerium nicht aufraffen, obwohl Otto Münter dem "Leitenden Historiker" Messerschmidt sogar etwas vorgeworfen hatte, was auch den schwersthörigen Vorgesetzten im Verteidigungsministerium hätte hellhörig machen müssen: eine skrupellose Fälschung der Geschichte.

Münter bezog sich dabei auf eine Auseinandersetzung zwischen dem Oberst a.D. Dr. Rolf Elble und Dr. Messerschmidt, die auf folgenden Zusammenhang zurückging: 1979 hatte der DDR-Militärhistoriker, Helmut Otto, in einem Artikel "Alfred Graf Schlieffen - Generalstabschef und Militärtheoretiker des imperialistischen Deutschen Kaiserreiches zwischen Weltmachtstreben und Revolutionsfurcht" (Nr. 43 der REVUE INTERNATIONALE D'HISTOIRE MILITAIRE) auf das Heft 31 in einer Reihe der kriegsgeschichtlichen Abteilung I des Großen Generalstabes aufmerksam gemacht, das ein Major R. von Friederich 1902 im dienstlichen Auftrag geschrieben hatte. Der Titel: "Kriegsbrauch im Landkrieg". In ihr waren in skandalöser Weise den "Notwendigkeiten des Krieges" der eindeutige Vorrang vor dem Völkerrecht gegeben worden. Über Ottos Veröffentlichung mit dieser Schrift bekannt gemacht, stellte Messerschmidt nun in einem Artikel für die GERMAN STUDIES REVIEW (Volume VI, No. 2) mit dem Titel "Völkerrecht und 'Kriegsnotwendigkeit' in der deutsch-militärischen Tradition seit den Einigungskriegen" im Mai 1983 zwischen einer, wie aus jener Schrift zu ersehen sei, seit je im deutschen Generalstab vorherrschenden Verachtung des Völkerrechts und dem Kommissarbefehl Hitlers eine Verbindung her. Dabei hatte Messerschmidt rücksichtslos fälschend aus der Schrift des Majors eine verbindliche Vorschrift gemacht, die sie in der Tat nie war. Zugleich hatte er die in diesem Zusammenhang relevante tatsächlich vorhandene Vorschrift, nämlich die DVE NR. 267 Felddienstordnung (FO) von 1908, der ab 1911 als Anhang II die vollständige (1907 ratifizierte) Haager Landkriegsordnung (Artikel 1 bis 56) beigegeben war, mit keinem Wort erwähnt und damit den entscheidenden Zusammenhang der Geschichte unterschlagen. Es kam Messerschmidt augenscheinlich nur darauf an, eine "deutsche militärische Tradition" im Sinne einer Mißachtung des Kriegsvölkerrechtes zu beweisen. Tatsachen durften ihn auf diesem Wege nicht stören.

Klink hatte Messerschmidts Fälschung entdeckt und Elble davon erzählt. Dieser protestierte nun zunächst in einem Artikel in der Juni-Nummer 1984 der Zeitschrift SOLDAT IM VOLK: "Militärgeschichtsschreibung - tendenziös?", in der er Messerschmidt glatte Fälschung vorwarf. Als dieser daraufhin nicht reagierte, gab Elble eine Stellungnahme an die GERMAN STUDIES REVIEW, die seinen Beitrag (Volume IX, No. 1) im Februar 1986 veröffentlichte. Auf Messerschmidts weitere Behauptung, der Kommissarbefehl sei mit "wenigen Ausnahmen vollzogen worden", wies Elble in einem Artikel in SOLDAT IM VOLK im November 1984 darauf hin, daß bisher "kein ernsthafter Historiker" versucht habe, über die Durchführung dieses Befehls konkrete Aussagen zu machen, da nie festgestellt werden konnte, wieviele Kommissare vom Juni 1941 bis Mai 1942 in die Hände des deutschen Heeres gefallen seien und auch nicht bekannt sei, wieviele aufgrund des Befehles erschossen wurden. Auch die Durcharbeitung der Vollzugsakten von über 10 Divisionen brachte kein eindeutiges Ergebnis. Der Streit um diese Frage hat sich, wie noch dargestellt werden wird, bis heute fortgesetzt.

Im Zusammenhang mit der Auseinandersetzung um die "Notwendigkeiten des Krieges" ist interessant, daß sich damals auch der viele Windungen des Zeitgeistes nutzende Parlamentarische Staatssekretär (1982 - 1988) im Bundesministerium der Verteidigung, Peter Kurt Würzbach, eher auf die Seite Messerschmidts stellte und "Diskussionsmöglichkeiten" empfahl.

In seiner Frustration und Verzweiflung setzte Dr. Elble, wie seinerzeit Otto Münter, seine Hoffnung auf mehr Gerechtigkeit in die Abfassung einer Art Denkschrift in Form eines Briefes an den amtierenden Amtschef Oberst i.G. Dr. Günter Roth.

In diesem Brief wies er auf die "wissenschaftlich nicht nur fragwürdigen, sondern eindeutig unzulässigen Methoden" Messerschmidts hin, die darin bestünden, infolge seines gegen "das deutsche Militär" eingestellten *erkenntnisleitenden Interesses* - dies eines der 68er Schlagworte der Sozialwissenschaften - lediglich einige wenige Fakten oder Anhaltspunkte, die ihm geeignet zu sein schienen, die vorgegebene Meinung zu bestätigen, auszuwählen. Er erwähnte auch, daß Messerschmidt immer wieder die "mindestens zehntausend Offiziere" erwähne, welche die Bundeswehr aufgebaut hätten; sie seien nach Erziehung und Erfahrung eben Offiziere der nationalsozialistischen Wehrmacht gewesen. In der Tat versucht Messerschmidt bis heute mit diesem Argument die demokratische Zuverlässigkeit der Bundeswehr infrage zu stellen.

Elble prangerte Messerschmidts Vorliebe zu unzulässigen Generalisierungen an und wies auf irreführende Zitierungen und eindeutige Manipulationen hin. Am Ende seines Briefes sprach er von einer "krankhaften Voreingenommenheit".

Alles in allem also ein sehr emotionaler Brief, der natürlich keinerlei Wirkung erzielte. Aus ihm wird vielleicht aber auch Messerschmidts Bewußtseinslage klar. Er fühlte sich offenbar von konservativen, ja reaktionären, wenn nicht gar nazistischen Mitarbeitern umgeben, gegen die allein mit den Mitteln einer Brechstangenpolitik "neues Denken" durchgesetzt werden konnte. Nur zielte sein "neues Denken" leider nicht auf eine demokratische Mitte, sondern auf eine, nur andere, beinahe faschistoide Einseitigkeit, die sich psychopathologisch auf ein nahezu unwissenschaftliches Glaubensbekenntnis stützte.

Um 1987 erfolgt dann der bisher letzte Vorstoß von MGFA-Mitarbeitern, die sich gegen die Diktatur von Messerschmidt und seinen Kreis zur Wehr setzen. Der hier bereits erwähnte langjährige wissenschaftliche Direktor, Dr. Ernst Klink, dem Messerschmidt inzwischen schwer zugesetzt hatte, legte nach seiner Pensionierung eine Schrift mit dem Titel "Messerschmidt und die Traditionspflege" vor, in der er folgende begründete Anklagen erhob:

1. Messerschmidt habe ihm dienstlich zur Kenntnis gelangtes Material vor Druck des 4. Bandes des Weltkriegswerkes ohne Zustimmung der Bearbeiter

in Vorträgen in den USA und Schweden benutzt und in seinem Sinne verfälschend interpretiert.

2. Er übergehe stillschweigend ihm nicht passende, im MGFA entstandene Arbeiten.

3. Er habe dem 4. Band des Weltkriegswerkes ein Fazit aufgedrückt, das zum Teil Arbeitsergebnissen der einzelnen Autoren widerspricht.

4. Messerschmidt habe eigens eine "Völkerrechtsvorschrift des Großen Generalstabes" von 1902 (so "Das Deutsche Reich"... Band 4, Seite XVI) erfunden, die angeblich den Zweck hatte, die humanitären Vorschriften der Haager Landkriegsordnung von 1899 zu konterkarieren. (Dieser Vorwurf bezieht sich auf die bereits geschilderte Auseinandersetzung zwischen Elble und Messerschmidt.)

Auch wird schließlich gerügt, daß die als Forschung getarnte Propaganda von DDR-Autoren wie Groehler, Müller und Otto (weitere könnten genannt werden) direkt übernommen würde. Das Papier endet schließlich: "Falls die seit 1957 vielfach festgelegten Grundlagen sich geändert haben sollten und Methoden, wie sie oben nachgewiesen wurden, Vorrang gegenüber der historisch-kritischen Methode erhalten haben sollten, bitte ich um dienstliche Belehrung."

Diese Belehrung ist Herrn Dr. Klink, wie zu erwarten war, nicht zuteil geworden. Die an der Macht befindliche Clique konnte über solche Forderungen nur lächeln. Und *welche* Stellung sie inzwischen im MGFA eingenommen hatte, zeigte in herzerwärmender Deutlichkeit der nächste Skandal in diesem Amt.

Die Einsetzung des Ständigen Beirats

Obwohl durch die Kießling-Affaire stark angeschlagen, ließ Wörner noch immer nicht nach, sich auch aus Fürsorgegründen mit dem MGFA zu beschäftigen, zumal die ständige Unruhe in diesem Amt, nicht nur die wissenschaftliche Leistungsfähigkeit des MGFA zu beeinträchtigen drohte, sondern sich seinen Ambitionen auch als zunehmend abträglich erwies. So galt es also, Ruhe zu schaffen. Dazu sollte der Wechsel des Amtschefs von dem Oberst i.G. Dr. Othmar Hackl, der einerseits Messerschmidt trotz dessen immer aggressiverer Intrigenwirtschaft in die Enge getrieben hatte, anderseits aber im Ministerium nicht die nun eigentlich nötige Unterstützung fand und deshalb Anzeichen von Resignation zeigte, am 1. April 1985 zu dem Oberst der Fallschirmjäger Dr. Günter Roth dienen, dem irgend jemand im Ministerium fälschlicherweise mehr zutraute, und darüber hinaus die Einrichtung eines auch von den Angehörigen des MGFA geforderten ständigen wissenschaftlichen Beirates, von dem man sich eine sachgerechtere Beurteilung der wissenschaftlichen Ergebnisse versprach. Die Gründung erfolgte am 26. April 1985. Der Beirat bestand aus zwei Soldaten, von denen einer Kriegsteilnehmer sein sollte, der andere wurde qua Amt berufen (der jeweilige Kommandeur der Führungsakademie in Hamburg), dazu drei - später fünf Historiker. Als erster Vorsitzender wurde der Vier-Sterne-General a.D. Johann Adolf Graf Kielmansegg bestimmt, als zweiter Generalmajor Jörn Söder. Ihnen waren die drei Historiker Klaus Hildebrandt, Michael Stürmer und Thomas Nipperdey als hervorragende Fachleute beigegeben. Dem Grafen Kielmansegg, als dem Vorsitzenden des Beirates, folgte 1992 Professor Alexander Fischer, Ordinarius in Bonn, der sein Amt dann aber bald resigniert wieder zurückgab, weil er sich von Verteidigungsminister Gerhard Stoltenberg nicht hinreichend gestützt sah. Stoltenberg stand den Querelen im MGFA sehr distanziert gegenüber. Als Grund für Fischers Ausscheiden wurde offiziell die Übernahme eines zusätzlichen Ordinariats in Leipzig genannt. Heute nimmt den Vorsitz in dem Beirat Professor Hans-Ulrich Thamer ein, Ordinarius in Münster, der dort Neue Geschichte lehrt. Die erste schwierige Aufgabe stellte sich dem Beirat mit der Beurteilung eines Buches von Wolfram Wette: der Biographie des Sozialdemokraten Gustav Noske.

Wette hatte inzwischen im MGFA bereits eine breite Schleifspur hinterlassen. Um seinen Beitrag zu dem ersten Band der Reihe "Das Deutsche Reich und der Zweite Weltkrieg", der eindeutig von einem marxistischen Ansatz ausging und für den ganzen Band eine Pilotfunktion einnahm, war es zu heftigen Auseinandersetzungen nicht nur methodischer, sondern auch sachlicher und inhaltlicher Art gekommen. Dr. Ernst Klink und andere Mitglieder des MGFA hatten Wette erbittert bekämpft, da sein Marxismus, seine Intoleranz und Voreingenommenheit für die weiteren Bände der Reihe unerträglich auch in qualitativer Hinsicht seien. Andererseits wurde Wette von Messerschmidt nicht minder verbissen verteidigt und konnte sich schließlich mit seinem Beitrag durchsetzen.

Inzwischen hatte Georg Leber, der von Juli 1972 bis Februar 1978 Verteidigungsminister war, das MGFA angeregt oder beauftragt, eine Biographie über den Sozialdemokraten Gustav Noske schreiben zu lassen. Damit wollte er - diese Idee hatte in den 50er Jahren auch schon der damalige wehrpolitische Berater der SPD-Bundestagsfraktion, Dr. Friedrich Beermann gehabt - einen Versuch machen, die Armee mit der SPD und den Gewerkschaften zu versöhnen. Der Kleiderordnung entsprechend hatten über die Auswahl des Autors der Amtschef in Absprache mit dem "Leitenden Historiker", also mit Messerschmidt, zu bestimmen. Da Wette bis zum Erscheinen der Bände 9 und 10, in denen er als Autor vorgesehen war, dienstlich nicht ausgelastet schien, bot es sich an, ihm den Auftrag zu erteilen. Damit hatte man, gewollt oder ungewollt, den gefährlichsten Bock im Garten des MGFA zum Gärtner gemacht.

Wette hatte bereits 1980 in der Nr. 1 der annotierten Bibliographie für politische Bildung, Bonn, die Weimarer Republik als einen "Geburtsfehler" bezeichnet, weil sich 1918/19 die revolutionären, von ihm als Mehrheit begriffenen Sozialisten in Kiel gegen die in Berlin sitzenden staatserhaltend gesinnten Sozialdemokraten (Ebert, Scheidemann, Landsberg und nicht zuletzt auch Noske) nicht hätten durchsetzen können. In der Tat galt seine Liebe nicht den tatsächlichen "Mehrheitssozialisten" in Berlin, sondern der kommunistisch gefärbten radikalen USPD, der Keimzelle der Spartakisten.

Bald nach dem Wechsel von dem Amtschef Oberst i.G. Hackl zu Dr. Roth lag das Manuskript vor. Es erwies sich als ein Pamphlet gegen den mutigen sozialdemokratischen Reichswehrminister und stellte eine Verherrlichung der revolutionären Garden des Bolschewismus und der Linkssozialisten dar. Einstimmig stellte der Beirat fest. "Das Manuskript ist in der vorliegenden Form nicht druckreif. Dazu kommt, daß es Noske lediglich kritisiert und abqualifiziert. Die Veröffentlichung dürfte nicht Aufgabe des MGFA sein, das nun einmal keine freischwebende Forschungseinrichtung ist, sondern im Dienst der Bundeswehr steht. Es ist dem Verfasser nicht gelungen, das internationale System 1917/1920 wirklich zu begreifen und die ökonomischen Probleme Deutschlands in ihrem vollen Gewicht einzubeziehen."

Die von Wette gefällten Urteile kritisierte der Beirat als "vielfach einseitig und unausgewogen". Noske würde durch Halbwahrheiten und Unterstellungen schlicht und einfach hingerichtet. In seiner Schlußerkenntnis stellte der Beirat fest, daß aufgrund der Vorurteile Wettes sein Urteil über Noske nicht wesentlich anders laute als das Urteil seinerzeit der KPD. Mit anderen Worten: das Manuskript war abgelehnt.

Aber so einfach ging das eben nicht. Die "rote Zelle" um Manfred Messerschmidt stand gegen den ohnehin verhaßten Beirat auf wie ein Mann. Dieser schlug schließlich als Kompromiß vor, das Werk nicht unter der Herausgeberschaft des MGFA, sondern in Wettes eigener Zuständigkeit zu publizieren. Die Auseinandersetzung wurde zugleich von einem Pro- und Contra-Krieg weiterer Gutachter begleitet, die so geschickt ausgewählt waren, daß sich etwas Munition gegen den Beirat sammeln ließ. Damit war der Zeitpunkt gekommen, von dem an Messerschmidt und seine Freunde auf den Amtschef Roth brutalen Druck auszuüben begannen. Sie drohten mit Medienkampagnen in der ZEIT, der FRANKFURTER RUNDSCHAU, dem WDR und dem NDR. Vor allem die ZEIT begann damals ihre bis heute andauernde unheilvolle Rolle zu spielen. Ihr Redakteur Karl-Heinz Janßen war aus gemeinsamen Studienzeiten mit Messerschmidt und Deist eng verbunden. Er, Janßen, war es dann auch, der unter den Augen des der Wehrmachtsfrage gegenüber eher sachlich eingestellten Theo Sommer, den Start der radikal einseitigen Heer'schen Wanderausstellung "Verbrechen der Wehrmacht" 1995 publizistisch wirksam begleitete. Auch verwies der Kreis um Messerschmidt damals auf Freunde in Israel und an der Ostküste der USA, sprich in Washington und New York. Mit der Hilfe dieser Freunde aber, so gaben sie zu verstehen, werde von einer Berufung des noch immer durch die Kießling-Affaire (1982/83) angeschlagenen und vom Bundeskanzler Kohl ohnehin nicht besonders geschätzten Wörner zum NATO-Generalsekretär auch im Traum nicht mehr die Rede sein. Wenn Roth den Minister retten wolle, möge er gefälligst das Urteil des Beirates verwerfen. Oberst Roth, der selbst gewisse Karriere-Vorstellungen hatte, gab schließlich nach. Es wurde ein weiterer Gutachter, der Neuzeithistoriker, Professor an der Freiburger Universität, Heinrich August Winkler, ein Freund Wettes und damals als recht weit links angesiedelt bekannt, berufen, der dann selbstverständlich ein für die "rote Zelle" günstiges Urteil lieferte. 1987 wurde Dr. Roth Brigadegeneral, 1988 erschien Wettes Biographie über Noske als Veröffentlichung des MGFA, Manfred

Wörner wurde Generalsekretär der NATO und der Beirat erschien bis auf die Knochen blamiert.

Messerschmidts Weg bis auf diesen Gipfel seiner Macht war von einem mit den Jahren wachsenden Haß auf die Wehrmacht gekennzeichnet. Im MGFA war er 1969 zunächst mit einer Buchveröffentlichung: "Die Wehrmacht im NS-Staat" hervorgetreten, die in gewisser Weise den Grundstein zu seiner "antifaschistischen" Voreingenommenheit legte. Der damalige Vier-Sterne-General a.D. Graf Kielmansegg hatte dazu ein Vorwort geschrieben, in dem er sich von dem auf breites Aktenmaterial gestützten, aber schon recht einseitig interpretierten Auffassungen Messerschmidts vornehm distanzierte. In seinem Beitrag zu dem 1. Band "Das Deutsche Reich und der Zweite Weltkrieg", der 1979 erschien, fand Messerschmidt Gelegenheit, seine Argumentationslinie fortzusetzen. 1981 hatte er sich dann aber vor allem Fragen der Militärgerichtsbarkeit im Dritten Reich zugewendet und lieferte 1981 einen Beitrag in der Festschrift für Martin Hirsch mit dem Titel "Deutsche Militärgerichtsbarkeit im Zweiten Weltkrieg". 1987 veröffentlichte er, zusammen mit Fritz Wüllner, als außerdienstliche Publikation das Buch "Wehrmachtsjustiz im Dienste des Nationalsozialismus", das sich zu einer Grundlage von Heers Wanderausstellung entwickeln sollte. Dieser Veröffentlichung folgte 1991 ein weiterer, inhaltlich erweiterter und noch radikal einseitigerer Band von Fritz Wüllner "NS-Militärjustiz und das Elend der Geschichtsschreibung". Auch dieses Werk ging unmittelbar in die Dramaturgie von Heers Ausstellung ein.

Der Streit um die Militärjustiz

Die Hinwendung zu dem Justiz-Thema entsprach Messerschmidts juristischer Vorbildung, war aber wohl auch als Gegenaktion zu einem interessanten wissenschaftlichen Versuch gedacht, das "Problem der Militärjustiz in der Zeit des Nationalsozialismus" zu erforschen. Angeregt durch den Leiter des Forschungsvorhabens "Recht" beim Münchner Institut für Zeitgeschichte, dem Präsidenten des Bundesgerichtshofes a.D., Dr. Hermann Weinkauff, hatte unter diesem Titel Otto Peter Schweling, ehemaliger aktiver Richter der Luftwaffe und dann langjähriger Oberstaatsanwalt bei der Bundesanwaltschaft, Anfang Oktober 1966 dem Institut ein 1000 Seiten umfassendes Manuskript vorgelegt. Zur Vorbereitung der Beschlußfassung über die Veröffentlichung wandte sich das Institut in der Folgezeit an nicht weniger als fünf Experten und bat sie um gutachterliche Äußerungen. Diese lauteten sämtlich positiv. Dennoch hatten in dem Institut inzwischen Bemühungen eingesetzt, die Drucklegung der Arbeit zu verhindern, da sie "zu apologetisch" sei. Als Präsident Dr. Weinkauff am 25. November 1970 darauf aufmerksam gemacht wurde, daß über die Veröffentlichung von Schwelings Arbeit noch immer keine Entscheidung gefällt worden sei, verwies das Institut auf eine Antwort vom Ende September 1970, in dem es geheißen hatte, daß, solange das "Geheimmaterial Kanter" noch "im Raume stehe", einer Veröffentlichung nicht zugestimmt werden könne.

Präsident Kanter, daraufhin angesprochen, erklärte, daß in seine Papiere jederzeit Einsicht genommen werden könne. Erst am 10. März 1975 teilte der Direktor des Institutes, Professor Dr. Martin Broszat, Schweling mit, daß ein weiteres Gutachten herangezogen worden sei, und zwar ein Gutachten von Professor Manfred Messerschmidt, einem Historiker vom Militärgeschichtlichen Forschungsamt der Bundeswehr, und daß dieses Urteil leider negativ ausgefallen sei. Was dieser Mitteilung folgte, trägt wieder einmal den Stempel des Unglaublichen. Professor Broszat, der in der Fachwelt einen guten Namen hat, teilte Schweling erstaunlicherweise mit, daß nunmehr nur noch der Ausweg bliebe daß Herr Messerschmidt in das Unternehmen als zusätzlicher Autor eintrete und alle ihm nötig erscheinenden Überarbeitungen und Ergänzungen selbständig vornehme. Nach Abschluß dieses "Arbeitsvorgangs" werde er, Schweling, Gelegenheit erhalten, zu dem veränderten Manuskript Stellung zu nehmen. Selbstverständlich müsse Herr Messerschmidt dann als "gleichberechtigter Autor" von ihm akzeptiert und als solcher in den Titel aufgenommen werden. Schweling war über diese wissenschaftsgeschichtlich einzig dastehende Düpierung so erregt, daß er sechs Tage nach Erhalt von Broszats Brief einem Herzinfarkt erlag. So fügte sich in der Geschichte Messerschmidt zu glatten Fälschungen und üblen Erpressungen nun auch noch ein seelischer Mord an.

Professor Dr. Erich Schwinge, der von der Witwe Schwelings zum Verwalter des wissenschaftlichen Nachlasses und zum geistigen Testamentsvollstrecker des Verstorbenen bestellt worden war, bot dem Münchner Institut an, Schwelings Manuskript, das inzwischen neun Jahre lang unveröffentlicht gelegen hatte, zu bearbeiten. Professor Broszat fand sich nicht bereit, ihn auch nur zu empfangen. Am 15. März 1976 erfolgte der Bescheid, daß der Beirat die Drucklegung abgelehnt hatte. Die politische Linie Messerschmidts hatte sich bis in diesen Beirat durchgesetzt. Nach einem langwierigen Streit, in dem sich das Institut jedem Kompromiß verschloß, veröffentlichte Schwinge 1978 Schwelings Arbeit unter dessen ursprünglichen Titel, nachdem er das Manuskript gekürzt und sorgfältig bearbeitet hatte. 1988 trat Schwinge dann mit dem Buch "Verfälschung und Wahrheit - das Bild der deutschen Wehrmachtsgerichtsbarkeit", hervor, das 1992 eine zweite Auflage erfuhr. Sein Werk "Bilanz der Kriegsgeneration" hatte 1990 bereits die 15. Auflage erreicht.

Im Zusammenhang mit dieser Streitschrift ist diese Episode aus der Geschichte Manfred Messerschmidts nicht nur durch die neuerliche Unterdrückung der Meinungsfreiheit, sondern auch wegen der Langzeitwirkung seiner unermüdlich vorgetragenen einseitigen Geschichtsbetrachtungen von Bedeutung.

Am 11. September 1991 fällte das Bundessozialgericht ein Grundsatzurteil, das bald weitreichende politische Folgen haben sollte. Es ging um die Rechtswidrigkeit von Todesurteilen der Militärstrafjustiz im Zweiten Weltkrieg und im einzelnen um den Antrag auf Hinterbliebenen-Versorgung einer Witwe, deren Ehemann Walter Leschinski (Dienstgrad Gefreiter) am 10. März 1945 in der von sowjetischen Truppen eingeschlossenen Festung

Breslau als fahnenflüchtiger Soldat zum Tode verurteilt und durch Erschießen hingerichtet worden war. Das Begehren der in Polen lebenden Klägerin, die 1955 erneut geheiratet hatte, war am 21. Oktober 1988 von dem Landessozialgericht Baden-Württemberg in zweiter Instanz abgelehnt worden, da der Tod ihres ersten Ehemannes nicht Folge einer Schädigung im Sinne des Bundesversorgungsgesetzes gewesen sei. Nach dem Tode ihres zweiten Mannes konnte der Anspruch erneut geltend gemacht werden, diesmal vor dem Bundessozialgericht. Dieses gab nun dem Antrag der zweifachen Witwe statt. In Sinne einer sozialen Rechtsprechung ist das Urteil sicherlich gerecht. Aber auch die Grundsatzbegründung des Urteils erscheint vernünftig: "Die Todesurteile der Militärstrafjustiz während des Zweiten Weltkriegs schließen die Hinterbliebenen der von ihnen betroffenen Soldaten in der Regel nicht von allen Leistungen des Bundesversorgungsgesetzes aus, weil angesichts der gesamten Umstände die Rechtswidrigkeit der Urteile zu vermuten ist" - wenn es allerdings auch am Ende der Begründung noch besser "nicht auszuschließen ist" hätte heißen können. Insgesamt also ein gutes Urteil, aber eine unglaublich einseitige Begründung. In ihr heißt es: die von Gerichten der ehemaligen deutschen Wehrmacht gefällten Todesurteile rechtfertigen *durchweg* die Vermutung der "Rechtsstaatswidrigkeit" und seien deshalb bis zum Beweis des Gegenteils im Einzelfall *sämtlich* als "offensichtliches Unrecht" zu behandeln. Hier taucht zum ersten Mal in einem letztinstanzlichen Urteil die Pauschalisierung von historischen Vorgängen auf, die dann in Heers Ausstellung so schreckliche Urstände feiern sollten. Fünfzehnmal erwähnte die Urteilsbegründung die

Publikationen von Messerschmidt und Wüllner, also einseitig festgelegten Gegnern der Wehrmacht und vor allem ihrer Justiz, nicht ein einziges Mal wird eine Gegenstimme zitiert, schon gar nicht etwa das Standardwerk von Schweling und Schwinge oder das Werk von Franz W. Seidler "Die Militärgerichtsbarkeit der Deutschen Wehrmacht", 1991. Der Autor dieser Streitschrift will nicht beurteilen, welche historische Schule hier Recht hat, aber dieser Schulterschluß des Bundessozialgerichts mit "Außenseitern" (Wüllner hat sich selbst so bezeichnet) und den offensichtlich festgelegten Gegnern der Wehrmacht erscheint in einer liberalen Demokratie unakzeptabel.

Die Schriften, auf die sich das Gericht ständig bezieht, nämlich "Die Wehrmachtjustiz im Dienste des Nationalsozialismus": Messerschmidt, Wüllner 1987 - und "NS-Militärjustiz und das Elend der Geschichte": Wüllner 1991 (eine erweiterte Fassung des Messerschmidt-Wüllner Buches) wurden nicht im Auftrag des MGFA herausgegeben. Aber es besteht wohl kein Zweifel, daß es die langjährige Stellung Messerschmidts als "Leitender Historiker, Direktor und Professor" im MGFA und die Tatsache, daß er nach seiner vorzeitigen Pensionierung weiter mit einem wohldotierten Werkvertrag für das MGFA tätig blieb, für die Richter eine entscheidende Rolle gespielt haben, ihn und seinen Kompagnon Wüllner als einzige zuverlässige Quelle in der zur Entscheidung anstehenden Frage zu betrachten. Die Urteilsbegründung gibt heute die Basis für die neue Bewegung her, Überläufer und Deserteure nicht nach ihren Motiven zu überprüfen, sondern pauschal als eine Art Widerstandskämpfer zu ehren, dabei den Unterschied zwischen den Widerstandskämpfern des 20. Juli 1944 und den Vertretern des "Nationalkomitees Freies Deutschland" zu verwischen und auf diese Weise die inzwischen geschichtlich überwundene Welt des Stalinismus durch die Hintertür wieder hoffähig zu machen.

An dem Urteil vom 1. September 1991 nahm als Richterin auch Frau Renate Jaeger, Jahrgang 1940, teil. Laut offizieller Auskunft des Bundessozialgerichts war sie an dem Urteil als Berichterstatterin (und das heißt praktisch als Verfasserin der Begründung) tätig. Ihr Weg führte zielstrebig über die Sozialgerichtsbarkeit zum Bundesverfassungsgericht. 1990 trat sie in die SPD ein, obwohl sie zuvor den Standpunkt vertrat, einem Richter gezieme Parteizugehörigkeit nicht. Sie ist Mutter von zwei volljährigen Kindern und seit 1993 geschieden. Ihr Buch über nicht-eheliche Lebensgemeinschaften gab die derzeitige Präsidentin des Bundesverfassungsgerichtes, Jutta Limbach, heraus. Am 24. März 1994 wurde sie auf einem "SPD-Ticket" zur Bundesverfassungsrichterin ernannt. Als solche nahm sie dann im Ersten Senat an dem Soldaten-Urteil, dem Blockade-Urteil und dem Kruzifix-Urteil teil. Anläßlich der vierten Veranstaltung von Heers Wanderausstellung (vom 10. September - 12. Oktober 1995 in Stuttgart) sprach sie im Rahmen des Begleitprogramms am 15. September im Hospitalhof zu dem Thema "Die NS-Militärjustiz und ihre Opfer". Gemeint hat sie wahrscheinlich die Militärgerichtsbarkeit im Dritten Reich. Eine NS-Militärjustiz hat es als offizielle Bezeichnung nicht gegeben. Diese Formulierung ist ein polemisches politisches Schlagwort.

Der Fall Waldheim

Zurück zu dem Jahr 1987. Der Amtschef, Dr. Günter Roth, war, nachdem er Wettes Noske-Biographie das Imprimatur erteilt hatte, von der "roten Zelle" des MGFA enthusiastisch gefeiert worden. Aber im Grunde war der Sieg bereits ein Anfang vom Ende. Noch amtierte als Vorsitzender des Ständigen Beirates, Graf Kielmansegg, noch hatte er hervorragende Beziehungen zum Verteidigungsministerium und noch schuldete Roth ihm für die Beförderung zum Brigadegeneral Dank. Und so begannen, vorsichtig und verdeckt, Verhandlungen, wie das MGFA personell allmählich umgestaltet werden könne. Dabei ging es in erster Linie um Messerschmidt und eben zu dieser Zeit machte dieser einen entscheidenden Fehler. Er verwickelte sich allzu sehr in den Fall des österreichischen Bundespräsidenten Kurt Waldheim, ein Engagement, das interessanterweise sogar noch den Ausblick auf einen weiteren möglichen Zusammenhang zwischen Messerschmidts Aktivitäten damals und der Wanderausstellung Heers von 1995 eröffnet.

Kurt Waldheim war 10 Jahre lang Generalsekretär der Vereinten Nationen gewesen, bevor er am 8. Juni 1986 zum Bundespräsidenten Österreichs gewählt wurde. Erst in diesem Zusammenhang wurde bekannt, daß er seinerzeit der UNO einen frisierten Lebenslauf vorgelegt hatte. Nun stellte sich heraus, daß er als Ordonnanz-Offizier in einem hohen Stab auf dem Balkan gedient hatte. Die Öffentlichkeit klagte ihn an, ein Glied der Kommandokette gewesen zu sein, die griechische Juden nach Auschwitz und italienische Gefangene zur Sklavenarbeit nach Deutschland geschickt hatte. Die USA setzten ihn noch vor der Wahl am 27. April 1986 auf die "watchlist", was für ihn, den ehemaligen UNO-Generalsekretär und prospektiven Bundespräsidenten Österreichs ein Einreiseverbot in die USA bedeutete. Waldheim stritt alles ab, er sei nie ein Nazi gewesen und habe nur seine Pflicht erfüllt. Zur Zeit dann, da der 50ste Jahrestag des Anschlusses von Österreich an Hitlers Deutschland, nämlich der 13. März 1988, näherkam, erreichte der Druck der internationalen Öffentlichkeit seinen Höhepunkt und nahm geradezu groteske Formen an: in Heathrow, dem Londoner Flughafen, weigerten sich Taxifahrer, Österreicher zu befördern, und das israelische Fernsehen wählte ihn zum "Minus-Man" des Jahres 1987.

Auf Wunsch Waldheims selbst hatte die österreichische Regierung inzwischen eine internationale Historiker-Kommission eingesetzt, die Waldheims Vergangenheit einwandfrei aufklären sollte. "Sie wird belegen können," schrieb der SPIEGEL am 25. Januar 1988, "daß Waldheim Vorgänge gesehen, berichtet, kommentiert und mit seinem 'W' abgezeichnet hat, über die er bisher stets schiere Ahnungslosigkeit geheuchelt hatte."

Die Historiker-Kommission bestand aus sieben Wissenschaftlern: Dem Schweizer Hans-Rudolf Kurz, der den Vorsitz führte und zusammen mit dem Belgier Jean Vanwelkenhuyzen und vor allem dem amerikanischen General a.D. James Collins eine mildere Linie vertrat, und den vier Mitgliedern, die eine harte Linie forderten:

Jehuda Wallach aus Israel, dem Briten Gerald Fleming, Hagen Fleischer von der Universität Kreta und vor allem Manfred Messerschmidt aus der Bundesrepublik Deutschland. Trotz intensiver Arbeit wurde die Kommission jedoch nicht fündig. "Was wir ihm nicht nachweisen können", so Manfred Messerschmidt, "ist seine individuelle Verwicklung in Kriegsverbrechen."

In dieser Lage konnte überraschend der SPIEGEL aushelfen. Am 1. Februar 1988 veröffentlichte er die Kopie eines Telegramms, das der jugoslawische Historiker Dusan Plenca bei "privaten Nachforschungen in Zagreb" entdeckt haben wollte. Plenca war früher, laut SPIEGEL "Leiter des kriegshistorischen Instituts in Belgrad" gewesen. Das dringende Telegramm vom 22. Juli 1942 enthielt folgende Meldung des Obersten Fedor Dragoljov, später General und Chef des kroatischen Generalstabs, an die "Kommandantur der 1. Gruppeneinheit": "Sehr eilig! Leutnant Kurt Waldheim aus dem Stab General Stahls verlangt, daß 4224 Gefangene aus Kozara, bestehend hauptsächlich aus Frauen und Kindern und ungefähr 15 % alten Männern, auf den Weg geschickt werden: 3514 nach Grubisino Polje und 730 nach Zemun". "Gongschlag zur letzten Runde" titelte der SPIEGEL.

In der folgenden Nummer mußte der "Gongschlag" abgesagt werden, da der Oberst a.D. Dusan Plenca, der das Telegramm laut SPIEGEL "bei seiner Tätigkeit im Militärhistorischen Institut, als Leiter des Belgrader Militärmuseums oder in den ihm zugänglichen Geheimarchiven nach seinen Angaben vom Original fotokopiert hatte", sich weigerte, das Originalpapier zu beschaffen.

Diesem peinlichen Rückschlag war allerlei vorangegangen. Dusan Plenca, den die FAZ, weniger ehrfurchtsvoll als der SPIEGEL, einen Nebenerwerbshistoriker nennt, hatte nämlich seinem Freund und Vertrauten Vasovic, einem Sportjournalisten, der im Nebenberuf Dokumentenhändler auf dem Medienmarkt ist, jene Kopie an die Hand gegeben, die der SPIEGEL dann druckte. Beim STERN hatte Vasovic und sein nicht minder smarter Partner Perovanovic, ebenfalls ein Sportjournalist, schon einmal vor einiger Zeit DM 100.000.- für das Überlassen eines Dokumentes eingesteckt. Diesmal winkten das US-Magazin TIME und der STERN ab. Nur der SPIEGEL fiel herein und bezahlte dafür DM 50.000.-, - nicht viel für die Branche, wenn man bedenkt, daß Vasovic sein Poker bei den Amerikanern mit immerhin 250.000 Dollar begonnen hatte.

Was da in Zagreb rumorte, sprach sich unvermeidlicherweise bis nach Wien zu der Historischen Kommission herum und so unterbrach Messerschmidt auf einige Tage seine unbändige Lust, den Fall Waldheim in die Öffentlichkeit zu tragen - bis zu 12 Interviews für Presse Funk und Fernsehen an einem Tag - und machte sich unverzüglich nach Zagreb auf, um "eine Goldader" oder doch wenigstens "ein paar Goldkörner" zu entdecken. Für die Dokumentenhändler dort war er finanziell aber zu uninteressant. Der Zuschlag ging an den SPIEGEL.

Am 8. Februar 1988 legte die Historiker-Kommission schließlich ihr 202 Seiten umfassendes, fast ausschließlich auf Material aus dem MGFA gestütztes Gutachten vor, das zu drei Vierteln aus der Feder Messerschmidts stammte. Dieser Fassung war im Dezember 1987 ein Entwurf vorangegangen, in dem es hieß: "Keine unmittelbare Beteiligung von Dr. Waldheim an rechtswidrigen Handlungen oder Befehlen". Dagegen sperrte sich die radikale Fraktion und erzwang, nicht zuletzt unter Messerschmidts Einfluß, wenigstens einen gewissen moralischen Schuldspruch. Der Vorsitzende der Kommission, der Schweizer Rudolf Kurz, ließ indessen von seiner Meinung nicht ab. Nach Übergabe des Abschlußdokumentes trug er noch einmal mündlich die unter dem Druck der 4:3 Mehrheit verworfene Unschuldsthese vor. Waldheim kommentierte das Ergebnis in seiner für ihn typischen Arroganz mit den Worten: das kritische Resumee der Historiker sei ja auch nicht überraschend, da der Kommission schließlich drei Juden und ein (linker) Sozialist angehört hätten. Mit dem Sozialisten meinte er Manfred Messerschmidt.

Waldheim blieb im Amt, aber er konnte sich dort nach dem internationalen Aufruhr, den er verursacht hatte, auf Dauer nicht mehr halten. Der SPIEGEL und die internationale Presse kauten an dem mageren Knochen des moralischen Schuldspruches herum und die Rätselei um das nicht vorhandene Dokument ging weiter. Die Historiker-Kommission hatte festgestellt, die Echtheit des Dokumentes könne nicht überprüft werden. Eine Untersuchung der Schreibtypen des Telegramms durch einen Fachmann im Auftrage des Hamburger STERN ergab, "mit an Sicherheit grenzender Wahrscheinlichkeit", daß das Schriftstück auf einer Schreibmaschine getippt worden war, die erst 1949 in der Tschechoslowakei produziert wurde. Oberst a.D. Dusan Plenca tauchte ab. Plencas Chef, der Historiker Antun Miletic, Abteilungsleiter im Militärhistorischen Archiv, rief kurzfristig eine Expertenkommission ein, die feststellte, daß es sich bei dem Telegramm höchstwahrscheinlich um eine Fälschung handele. Historiker und Journalisten in Belgrad waren damals davon überzeugt,, daß auf keinen Fall Plenca der Fälscher sei: "Für solche Fälle gibt es Spezialisten, die sitzen bei uns bei der Geheimpolizei". Am Ende, so meinte der SPIEGEL, hielten sich in Belgrad die Überzeugungen, das umstrittene Dokument sei entweder gefälscht oder aus politischen Gründen aus dem Verkehr gezogen worden oder beides, einander die Waage. Aber das war eine Schutzbehauptung. In Wahrheit bezweifelte niemand mehr, daß das Telegramm gefälscht war.

Und selbst Rudolf Augstein meinte im SPIEGEL vom 7. März 1988, daß sich Messerschmidt, da er kein Jude sei und zudem der einzige in der Kommission, der in der Bundesrepublik lebe, sich zu weit aus dem Fenster gelehnt habe.

Nach Abschluß des Verfahrens beschäftigten sich noch zwei Wissenschaftler mit dem Text des Gutachtens: Professor Dr. jur Dr. rer.pol. h.c. Joseph H. Kaiser, Direktor des Instituts für Öffentliches Recht der Universität Freiburg, und der Ordentliche Universitätsprofessor Dr. Heribert Franz Kock, Dekan der rechtswissenschaftlichen Fakultät der Johannes-Kepler-Universität in Linz. Ihr Urteil war niederschmetternd. Beide stellten gravierende Grenzüberschreitungen und zahlreiche Fehler der Historiker-Kommission fest. Sie stammten so gut wie alle aus der Feder von Manfred Messerschmidt.

Der Übergang zu neuen Wirkungsfeldern

Was im Zusammenhang mit dieser Streitschrift an dem Fall Waldheim interessiert, ist die wieder einmal sichtbar werdende wütende Lust Messerschmidts nach der Suche von Beweisen für das, was er beweisen will. Als einziges Mitglied der Kommission war er es, der den Rücktritt Waldheims forderte. Er agiert weniger als Forscher, denn als Strafermittler einer ideologischen Staatsanwaltschaft. Wichtiger aber noch: er war damals mit den Giftküchen in Verbindung gekommen, die im Balkan geschichtliches Material fälschten. Er wird Fotos von unkontrollierbaren "Verbrechen der Wehrmacht" gesehen haben, wie sie später dann in Heers Ausstellung wieder aufgetaucht sind, wird von Angeboten gehört haben. Nach eigenen Angaben Heers stammen die Bilder seiner Ausstellung "aus Archiven Zentral- und Osteuropas, Israels und der USA". Nach Bekundung von Fachleuten, welche die Ausstellung besuchten, kommen die Bilder ganz überwiegend aus Zagreb, Belgrad, Minsk und Moskau, - alles Quellen, die an der Fälschung von Bildern Interesse gehabt hatten und haben. In Fachkreisen gelten vor allem Zagreb und Belgrad als berühmte Fälscherwerkstätten.

Seit der Waldheim-Affaire trat Messerschmidt wissenschaftlich kaum noch in Erscheinung. In der Fernsehsendung TALK IM TURM am 7. Mai 1995 aus Anlaß der Heerschen Ausstellung in Hamburg wurde Messerschmidt vor einem Publikum von 3,5 Millionen Zuschauern "als international anerkannter Wissenschaftler" vorgestellt. Eben das ist er sicher nicht. Vielmehr gilt er in der Fachwelt Deutschlands und des Auslands als in hohem Maße umstritten und schillernd. In wissenschaftlichen Kreisen besitzt er einen Ruf wie Hackethal bei den Chirurgen, was den Weg zu einer Medienprominenz allerdings eher ebnet. Ende 1988 ging Messerschmidt nach 18jähriger Tätigkeit als "Leitender Historiker" im MGFA, drei Jahre vor Erreichung seiner Altersgrenze, in den vorzeitigen Ruhestand. Zuvor hatte er noch durchsetzen können, daß Wilhelm Deist zu seinem Nachfolger bestimmt wurde. Aber 1994 ließ auch der sich in den vorzeitigen Ruhestand schicken. Die Funktion des "leitenden Historikers" wurde herabgestuft und der Titel gestrichen. Die B2 Stelle dagegen nicht.

Sie wird nun von Professor Hans-Erich Volkmann, Jahrgang 1938, eingenommen, der sich "Leiter Forschungsbereich" nennen darf und dafür sorgen kann, daß sich an dem politischen Profil des MGFA kaum etwas ändert. In den Kreisen seiner Kollegen gilt Volkmann eher als Intrigant und Opportunist, dessen militärgeschichtliche Qualifikation und Substanz nicht sehr hoch eingeschätzt wird. Messerschmidt und Deist hätten in ihren guten Jahren immerhin noch einiges zu bieten gehabt. Auf die guten Jahre Volkmanns warte man bisher vergebens.

Wenn es Messerschmidts Fehler war, sich auf eine in der Geschichtswissenschaft unzulässig forcierte und einseitige Interpretation alles Geschriebenen zu stützen und die real existierenden historischen Sachverhalte nicht zur Kenntnis zu nehmen, wenn er juristischen Rigorismus zu ethischem Rigorismus werden ließ, - der so gut in die Gedankenwelt des Aufstandes der 68er paßt, aber über die Wahrheit der Geschichte nichts aussagt, da er von der ungeheuren Differenziertheit wahrer Abläufe nichts weiß und nichts wissen will, so ist Volkmann wenigstens zugute zu halten, daß er den ihm unterstehenden Forschungsbereich III "Entstehungsgeschichte der Bundeswehr" - bis auf einige interne Auseinandersetzungen, die aber nicht entfernt die Dimension des Streits um den Band 4 über den Zweiten Weltkrieg erreichten - in Ruhe hat forschen und arbeiten lassen.

Im übrigen ging das Leben - wie das eben so ist - einfach weiter. Am 8. Juli 1988 hatte Wette in der ZEIT einen Beitrag "Verteidigungslügen" veröffentlicht und dabei parallel zu dem damals aufkommenden Historiker-Streit um die Thesen von Professor Ernst Nolte scharfäugig den Versuch in der rechten Presse beobachtet, den Überfall der Deutschen Wehrmacht auf die Sowjetunion zu verharmlosen, ja gar als Präventivschlag umzudeuten. Und sein Gesinnungsfreund, Dr. Karl-Heinz Janßen, sorgte als Redakteur der Wochenzeitschrift ZEIT dafür, daß das Thema auf dem Tapet blieb. Im Herbst 1989 sprach Wette auf einer Veranstaltung der Evangelischen Akademie Loccum, die dem Thema "Die Verbrechen des Krieges - Erinnerungs- und Gedächtnisarbeit für Versöhnung und Frieden" gewidmet war. Wettes Beitrag: "Die deutsche Kriegführung im europäischen Osten". Noch nach der Vereinigung der beiden deutschen Staaten wurde Olaf Groehler, ehemals Parteisekretär am DDR Zentralinstitut für Geschichte der Akademie der Wissenschaften, stellvertretender Direktor und inzwischen enttarnter Stasi-Spitzel (IM "Ernst"), eingeladen, im MGFA Freiburg einen Vortrag zu halten.

Und dann begann die immer enger werdende Verbindung zwischen dem MGFA und dem Institut für Sozialgeschichte in Hamburg mit ihrem von Hannes Heer geleiteten Versuch, die Wehrmacht als Verbrecherorganisation darzustellen: - von der Untersuchung von "Verbrechen *in* der Wehrmacht", mit der man verdienstvollerweise im MGFA einmal begonnen hatte, wurden die "Verbrechen *der* Wehrmacht" und daraus die "*Verbrecherische Wehrmacht*" und schließlich die "*Verbrecherorganisation Wehrmacht*".

Schon Mitte 1992 hatten Messerschmidt und der MGFA-Wissenschaftler Dr. Jürgen Förster an einer von Hannes Heer und Thomas Neumann vom Institut für Sozialforschung geleiteten Diskussion mitgewirkt, die dann in der Zeitschrift des Institutes "MITTELWEG 36" abgedruckt wurde und als eine Einleitung der Heerschen Ausstellung im darauf folgenden Jahr gewertet werden kann. Auch zu der feierlichen Eröffnung der Ausstellung in Hamburg erschienen Wette und Förster und wurden in der Presse unvermeidlicherweise als Repräsentanten des MGFA vorgestellt. So gaben Messerschmidt und sein Kreis den Veranstaltungen des Institutes und der Infamie Heers immer wieder den amtlichen "Gütestempel" des MGFA. Mehrere Interviews in den elektronischen Medien ergänzten in der Folgezeit Wettes und Messerschmidts Bemühungen, die Ausstellung zu popularisieren. Am 6. April 1995 gelang es Wette sogar, einen Artikel im Feuilleton der FAZ zu plazieren: "Die Legende von der sauberen Wehrmacht". In der Nr. 3 der ZEIT-Veröffentlichung "Zeitpunkte" brachte er den Beitrag "Der Krieg in der Sowjetunion" unter. Im Juli 1995 erschien schließlich der Sammelband "Deserteure: Feiglinge, Opfer, Hoffnungsträger". Seinen persönlichen Bemühungen ist es zu verdanken, daß Heers Wanderausstellung im Januar 1996 auch in Freiburg gezeigt wurde, wo Wette bis zu seiner vorzeitigen Pensionierung arbeitete. Dort trat er gegen die "Kriegspolitik" der Bundesregierung auf, zieh die Hardthöhe unverhüllten militärischen Machtstrebens und verglich den Generalinspekteur der Bundeswehr Klaus Naumann und die Generäle der Hardthöhe mit der Dritten Obersten Heeresleitung (Hindenburgs und Ludendorffs). Mit derart maßlosen Angriffen hat sich Wette zwar im Freiburger Amt voll isoliert und gilt auch in Potsdam, zumal sich seine Angriffe inzwischen auch gegen das MGFA richten, als unakzeptabel. Mit Ende des Jahres 1995 ging er, wie gesagt, in den vorzeitigen Ruhestand. Aber seine Verbindung zu den Radikalen in dem Hamburger Institut und zu der politischen Verleumdungskampagne Heers hat sich damit nur verstärkt. Er wurde offiziell Mitarbeiter des Hamburger Instituts. Die "rote Zelle" im MGFA mit Messerschmidt, Wette, Volkmann, Förster, Dr. Gerhard Schreiber und Gerd R. Ueberschär ist weiter voller Tatkraft. An dem Band 9 der Reihe "Das Deutsche Reich und der Zweite Weltkrieg", der den Titel "Staat und Gesellschaft im Krieg 1939 - 1944/45" tragen wird, arbeiten zur Zeit, als ob inzwischen gar nichts geschehen wäre, Messerschmidt, Förster und Ueberschär.

Das Hamburger Institut für Sozialforschung

Heers Wanderausstellung: "Vernichtungskrieg - Verbrechen der Wehrmacht - 1944" ist Teil des vom Hamburger Institut für Sozialforschung e.V. gestarteten Projektes: "Angesichts unseres Jahrhunderts". Die Leitung dieses Projektes liegt in den Händen von Bernd Greiner und Jan Philipp Reemtsma. In der Tat ist Jan Philipp Reemtsma aber nicht nur wissenschaftlich tätig, sondern ist vielmehr Gründer und der Mäzen des Institutes selbst. Damit eröffnet sich für die umstrittene Ausstellung ein hochinteressanter Hintergrund.

Jan Philipp Reemtsma gehört als Spätgeborener seiner Familie dem Jahrgang 1952 an, war 7 Jahre alt, als sein Vater Philipp Fürchtegott starb, und 16 Jahre, als die Neomarxisten der 68er Jugendrevolte die Gesellschaft der Bundesrepublik mit ihren Protesten erschütterten. Jan Philipp studierte Literatur, war von den Zeitläufen tief beeindruckt und zog, dem Trend der Jahre folgend, in eine Wohngemeinschaft ein. Die Herren der Deutschen Bank, die sein Vater als Testamentsvollstrecker bestellt hatte und die Jan Philipps Vermögen bis zur Vollendung seines 26. Lebensjahres zu verwalten hatten, sahen das ungern. Anderseits beruhigte sie wohl ein wenig die außerordentliche Verehrung, die der Literaturstudent dem Schriftsteller Arno Schmidt entgegenbrachte und gaben sogar eine Summe von 350.000 DM vorab frei, die Jan Philipp zur Unterstützung seines Dichterfreundes erbeten hatte. Schmidt und Reemtsma hatten sich 1977 in dem Heidedorf Bargfeld kennengelernt, wo der Dichter sein ärmliches Leben fristete. Von dem großzügigen Geldgeschenk hatte er nicht mehr viel. Er starb zu Pfingsten 1979. 1981 begründete Jan Philipp dann eine mit 5 Millionen DM ausgestattete "Arno-Schmidt-Stiftung", der er nach dem Tode von Schmidts Ehefrau Alice allein vorsteht. Er vergibt auch den mit 50.000 DM dotierten "Arno-Schmidt-Preis" in alleiniger Verantwortung.

Als Jan Philipp zum 1. Januar 1980, 28 Jahre alt, in den Aufsichtsrat der Reemtsma Cigarettenfabrik GmbH berufen wurde, schien der Sturm und Drang der 68er Jahre vergessen zu sein. In der Tat war er es nicht. Wenige Monate nachdem er in seiner Firma Verantwortung übernommen hatte, verkaufte er gemeinsam mit seiner Mutter den Mehranteil von rund 53% der Reemtsma GmbH an die Familie Herz, die Inhaber der Tchibo Frisch-Röst-Kaffee AG ist. Ergebnis in bar für ihn: 300 Millionen DM. Eingefädelt hatte diesen Coup sein Freund Diethelm Höner, Jurist, Banker und Kollege Jan Philipps im Aufsichtsrat seiner väterlichen Firma. Seitdem gilt Jan Philipp als das schwarze Schaf der Familie. Von den Bankern, vor allem der Deutschen Bank, verachtet, von der Hamburger Gesellschaft eher belächelt und von der Wissenschaft nicht ernst genommen. Die WELT nannte ihn damals ein "Nullbock-Produkt", warf ihm "kindliche Verantwortungsscheu" und einen Hang zu "Schnapsideen" und "Riesenfarcen" vor. Jan Philipp kümmerte das wenig, ließ sein Vermögen von Diethelm Höner verwalten, der sich inzwischen in London selbständig gemacht hatte, begriff sich weiterhin als Liebhaber der Literatur und Geisteswissenschaften und spielte das reiche Unschuldslamm, der eine Reihe von Bücherprojekten finanzierte und zeitweilig die "linke" Postille KONKRET unterstützte. Inzwischen hatte er dann die "Hamburger Stiftung zur Förderung von Wissenschaft und Kultur" gegründet, die mit ihrem Geld in Frankfurt das "Adorno-Archiv" und für Alice Schwarzer ein "Feministisches Archiv und Dokumentationszentrum" unterhält. Persönliche Aktivitäten gelten der Bargfelder Erbpflege von Arno Schmidts Werk, vor allem aber und in erster Linie dem 1984 gegründeten Hamburger Institut für Sozialforschung e.V., einem Institut ohne jede Amtseigenschaft, in dem nun die wilde ungenaue Welt der 68er erneut zum Leben erwacht.

Der Titel des Instituts ist nicht zufällig dem berühmten "Frankfurter Institut für Sozialforschung" nachempfunden, das mit seiner "kritischen Theorie" die neomarxistische Grundlage für die Bewegung der 68er schuf. Wie die Frankfurter zielen die Hamburger auf die Grundidee "einer unabhängigen, kritischen, interdisziplinären Sozialwissenschaft über klassische Fachgrenzen hinweg mit dem Ziel der Erkenntnis gesellschaftlicher Verhältnisse, politisch ökonomisch kultureller Prozesse und sozialpsychologischer Entwicklungstendenzen".

Als gebildetem 68er ist sich Jan Philipp bei der Gründung seines Institutes sicher bewußt gewesen, daß auch das Frankfurter Institut Anfang der 20er Jahre von einem *Erben*, nämlich dem jungen Sohn des deutsch-argentinischen Getreidehändlers Felix Weil gegründet wurde. Nun wollte Jan Philipp wohl in seine Fußstapfen treten. In den wissenschaftlichen Beirat, der im weiten Sinne marxistische, psychologische und feministische Denktradition repräsentieren soll, berief er u.a. Alice Schwarzer, die den Beirat dann aber bald wieder verärgert verließ, und den in Brüssel lehrenden Gesellschafts-Theoretiker und Alt-Trotzkisten Ernest Mandel, dem Genscher als Innenminister seinerzeit die Einreise in die Bundesrepublik verweigerte.

Was dem Hamburger Institut für Sozialforschung im Gegensatz zu seinem Frankfurter Vorbild fehlte, waren die Köpfe, die es repräsentieren konnten. In Hamburg gab es kein Äquivalent für Max Horkheimer, Theodor W. Adorno, Herbert Marcuse oder Leo Löwenthal, die der "kritischen Theorie" ihren - wenn auch nur düsteren - Glanz gegeben hätten. Einen Hamburger Forschungs-Direktor gab es nicht, und gibt es, soweit bekannt, bis heute nicht. Der Stifter steht einem Fünfer-Rat, der viermal im Jahr tagt, selber vor. Die Themen, mit denen man sich zunächst beschäftigte, ließen niemandem den Atem stocken: Aids-Studien, Studien über die neue Armut in den Industrieländern wie Deutschland, Frankreich und Belgien, Terroristen-Prozesse, Schreibtisch-Karrieren zur Nazizeit, psychosomatische Störungen als Folge der KZ-Haft, Folter in Lateinamerika, geschlechtsspezifische Ungleichbehandlung von Gewaltkriminalität, das Verhältnis der Geschlechter im Sozialstaat. 1995 gründete das Institut dann einen eigenen Verlag: "Hamburger Edition". in ihm erschien das Begleitbuch zu Heers Ausstellung "Vernichtungskrieg..." und ideologisch entsprechend ausgerichtete Veröffentlichungen wie - Hannes Heer: "Stets zu erschießen sind Frauen, die in der Roten Armee dienten", oder Hannes Heer (Hrg.) "Der

Minsker Prozeß". Auch bietet das Institut nun eine Literaturzeitschrift "Wespennest" an, die es verstanden habe, "sich im Wandel treu zu bleiben" und Lust an Polemik und Kulturkritik empfinde. Jan Philipp Reemtsma selbst, meinte er, würde sich einmal an einer Geschichte der 68er beteiligen wollen. Ein Institut also, aber außer der einseitigen und auf lange Strecken wissenschaftlich unfundierten Kritik an der Wehrmacht keine Themen besonderer Art, keine Namen, nur Geld. Das Budget des Instituts betrug 5 Millionen DM, monatliche Stipendien wurden in der Höhe von 2000 DM pro Monat vergeben. In der wissenschaftlichen Öffentlichkeit blieb das Institut bis auf den Wirbel um seine Ausstellung ein no-name.

Auch Jan Philipp hat die Öffentlichkeit lange gescheut. Bis die Zeitschrift TRANSATLANTIK ihn entdeckte, gab es von ihm kein Foto in der Presse. Das änderte sich Mitte 1987 als er dem Hamburger Senat anbot, den Schmuddelkindern der Hafenstraße, mit denen sich der Senat seit Jahren herumplagte, ein Zuhause zu bieten.

Reemtsma wollte die Häuser kaufen und sie den etwa 80 Chaoten schenken. Sein Vermögen wurde damals bereits auf 600 Millionen beziffert. Der Hamburger Senat bestand auf einer Wohlverhaltens-Klausel. Jan Philipp und seine Schützlinge lehnten ab. Der Verkauf kam nicht zustande.

Immerhin war nun Jan Philipps Name nicht nur in der Hamburger Gesellschaft als der eines schillernden Außenseiters bekannt und muß wohl alles, was ebenfalls schillerte und sich als Außenseiter begriff, angezogen haben. Wir wissen nicht, wann und wie Jan Philipp Hannes Heer kennenlernte, aber es muß Neigung auf den ersten Blick gewesen sein und das nicht nur, weil Heer ein Bilderbuch-68er ist, sondern weil beide etwas verband, was zu der seelischen Standardausrüstung jedes 68ers gehört: der Haß auf den Nazivater. Heer hat in der TALK IM TURM-Talkshow am 7. Mai preisgegeben, er sei dadurch politisch geprägt worden, daß er aus einem radikal nationalsozialistischem Elternhaus komme, und Jan Philipp, der mit 13 Jahren calvinistisch konfirmiert wurde, konnte es nicht verwinden, daß man seinen Vater 1948 wegen Bestechung Hermann Görings mit 12 Millionen Mark angeklagt hatte.

Passiert war damals allerdings nichts. Vater Philipp Fürchtegott wurde ein Jahr später in einem Revisionsverfahren freigesprochen und noch im gleichen Jahr von einem Entnazifizierungs-Ausschuß als "entlastet" eingestuft. Aber dem ethischen Rigorismus Jan Philipps blieb die Schuld der Väter, ihr Opportunismus, ihr politisches Versagen unentschuldbar. Für den Sohn mit seinem Geld - inzwischen schätzte man sein Vermögen auf 1,3 Milliarden DM - war die Antwort auf den Vater sein Institut für Sozialforschung, für Hannes Heer war es die undifferenzierte Diffamierung der Wehrmacht als Verbrecherorganisation in seiner Wanderausstellung: "Vernichtungskrieg - Verbrechen der Wehrmacht 1941 bis 1944".

Hannes Heer

Mit dieser Ausstellung ist Hannes Heer offensichtlich zu der treibenden Kraft des Hamburger Instituts für Sozialforschung e.V. geworden. Er selbst bezeichnet sich als Historiker, Filmregisseur und wissenschaftlicher Mitarbeiter des Hamburger Institutes. Er verweist auf Veröffentlichungen wie "Als ich neun Jahre alt war. Schüleraufsätze aus der Zeit des großen Krieges", Reinbek 1983, und den Band "Geschichte entdecken. Erfahrungen und Projekte der neuen Geschichtsbewegung", den er als Herausgeber, zusammen mit Volker Ullrich erarbeitete, - Werke, deren historischer Wert eher als leichtgewichtig bezeichnet werden könnte. Zuvor schon hatte er eine auch nicht schwerer wiegende Biographie des Hamburger Stalinisten Ernst Thälmann geschrieben.

Heer ist Jahrgang 1941 und stammt aus Wissen (Sieg). Er studierte Germanistik und Geschichte an der Universität in Bonn und legte 1968 dort das Staatsexamen ab. Seine übrige Entwicklung beschreibt Hans Hermann Tiedje in der WELT am 5. April 1977 so: "In diesen Jahren gehörte er zu den profiliertesten Aktivisten des Sozialistischen Deutschen Studentenbundes (SDS). Zeitweilig war er Mitglied im 'maoistisch orientierten' kommunistischen Studentenverband und in der 'Gruppe Arbeitermacht' (GA), auch im Unikollektiv der 'Roten Zellen' (ROTZ) fehlte Heer nicht. Die Devise lautete damals: 'schlagt das Stoltenberg-und-Köppler-Geschmeiß'.

In der Wahlplattform von GA/ROTZ wurde 1969 ein 'sozialistisches Studium im Dienste des Proletariats' gefordert. Die Wissenschaft müsse 'aus dem Gefängnis der Hörsäle und Lehrbücher befreit werden'. Und: 'es sei notwendig, daß die Kämpfe an der Universität nicht nachlassen, sondern intensiviert werden'.

Dies war offenbar einer von Heers Leitsätzen in Bonn. Bei einer ganzen Serie von Gewalttätigkeiten stand er in vorderster Linie. Unter anderem war er angeklagt wegen: Landfriedensbruch, Widerstand gegen die Staatsgewalt (1969 - sein Verteidiger war damals SED-Staranwalt F.K. Kaul), Nötigung, Sachbeschädigung und gefährlicher Körperverletzung.

Die letzte Verurteilung datiert vom 27. Oktober 1975. Damals bedachte eine Berufungskammer den APO-Mann wegen gemeinschaftlicher Nötigung in Tateinheit mit Störung einer Versammlung mit DM 1.500 Geldstrafe. In erster Instanz hatten die Richter ihn zu vier Monaten Freiheitsstrafe mit Bewährung verurteilt.

Weitere Fakten aus Heers hoher Zeit: 1969 war er Mitglied der DKP, im gleichen Jahr avancierte er zum Vorstandsmitglied des Verbandes Deutscher Studentenschaften (VDS). SDS-Altfunktionär Franz Wolff bescheinigte ihm bei dieser Gelegenheit einen 'KP-Horizont' ".

So weit Tiedje.

Sein Versuch, als Lehrer in den öffentlichen Dienst aufgenommen zu werden, scheiterte. Selbst den linken

Regierungen war er zu links. Daraufhin beantragte er im Juli 1970 ein Stipendium bei der VW-Stiftung für ein Ergänzungsstudium der Volkswirtschaft in Richtung Bildungsökonomie, das ihm auch gewährt wurde. Die Stiftung zahlte fortan pro Monat etwa 800 DM Unterstützungsgeld an ihn aus. Die Fortführung von VW-Stipendien ist jedoch an Zwischenprüfungen gebunden. Zu Beginn des Jahres 1972 hatte Heer sie immer noch nicht hinter sich gebracht. Daraufhin wurden im Mai 1972 die Zahlungen eingestellt. In der Öffentlichkeit beklagte sich Heer, daß ihm auf Betreiben "bestimmter Kreise", besonders der CDU, das Stipendium wieder entzogen worden sei.

Nach dem Scheitern dieser ersten zwei Existenzansätze wandte sich Heer nun dem WDR zu, dem die "Fortschrittlichkeit" Heers offenbar willkommen war. (Klaus von Bismarck, der damalige Intendant, nahm an der Diskussion über Heers Thesen in der ZEIT am 3. März 1995 teil und besuchte die Eröffnung von Heers Ausstellung in Hamburg als eine Art geladener Ehrengast). So trat dann ab 1976 Heer in schöner Regelmäßigkeit in der Hörfunkserie "Kritisches Tagebuch" (WDR III) und in der Kultursendung "Am Abend vorgestellt" auf, - zwischen September und Dezember 1976 allein zehnmal im "kritischen Tagebuch" und einmal in der Kultursendung. Zum Jahresbeginn 1977 beschäftigte sich Heer in seiner Sendung beispielsweise mit dem Nobelpreisträger Milton Friedman. Bei dieser Gelegenheit ließ er einen Pfarrer den hochangesehenen Wirtschaftsexperten aus den USA der Mitschuld an der Ermordung einer Million Chilenen beschuldigen. Am 3. Februar 1977, wieder auf Sendung, pries er die Vorbereitung für ein sogenanntes "Russell-Tribunal" gegen die Bundesrepublik, das durch deren Praxis der "Berufsverbote und anderer Einschränkungen der Menschenrechte" notwendig geworden sei.

Irgendwann muß aber selbst der WDR seines Radikalismus überdrüssig geworden sein. Heer schrieb Bücher, wie oben dargestellt und begann als Dramaturg, an einem Provinztheater zu arbeiten. In dieser Zeit habe er, wie er dem Autor selbst beschrieb, in Dorfkneipen und an Stammtischen vieles über den Zweiten Weltkrieg gehört, was ihn interessierte. Er ist dann zu gezielten Befragungen übergegangen und hat so das Material zusammengetragen, das er später im Institut für Sozialforschung verwendete. Bis hierher war Heers Lebensgeschichte eher die Geschichte eines Verlierers. Dann, 1993, wurde er Mitarbeiter am Hamburger Institut für Sozialforschung, wo er offenbar sehr bald die Vorbereitungen für die Ausstellung "Verbrechen der Wehrmacht" in die Hand nahm.

Wahrscheinlich war es überhaupt er, der Jan Philipp Reemtsma dieses Projekt vorschlug. Zum ersten Mal hatte das Institut wenigstens ein zugkräftiges Thema. An Köpfen mangelte es ihnen noch immer. Der im Zusammenhang mit der Ausstellung herausgegebene Sammelband ist, was die Autoren angeht, eine Bankrotterklärung: Von zwanzig Deutschen drei Mitglieder des MGFA als ausgewiesene Historiker, zwei Historiker ohne erkennbare Qualifikation, ein Mitarbeiter eines SED-Institutes. Der Rest von vierzehn: Lehrer und Literaturwissenschaftler, Soziologen und Studenten, Redakteure, Filmemacher und Kunstgeschichtler, Journalisten, DAG-Mitglieder und Dramaturgen. Am Kriege teilgenommen hatten von ihnen allen nur zwei.

Der Kontakt zum MGFA hat sich inzwischen weiter verengt. Manfred Messerschmidt lieferte zu Heers Sammelband "Vernichtungskrieg" zwei Beiträge. Dazu kam ein Beitrag von Dr. Rolf-Dieter Müller, der dann ein Jahr später, nämlich Mitte Dezember 1995, eine als offizielles Feigenblatt des MGFA gedachte Kritik der Heer-Wanderausstellung in den von der Öffentlichkeit natürlich nicht gelesenen "Militärgeschichtlichen Mitteilungen" veröffentlichte und in der er neben mancherlei Apologetik die Kernthesen dieser Streitschrift bemerkenswerterweise in vollem Umfang bestätigte. Professor Dr. Hans-Erich Volkmann beteiligte sich an der Eröffnung der Ausstellung in Potsdam, Manfred Messerschmidt und Dr. Gerhard Schreiber traten im Rahmen der Ausstellung in Stuttgart auf, Manfred Messerschmidt und Wolfram Wette wenig später auch in Wien und Freiburg. Die Frage bleibt, welche Folgerungen aus diesen Entwicklungen zu ziehen sind.

Folgerungen

Der Hintergrund zu der Kampagne des Instituts für Sozialforschung mag nicht zuletzt darin zu suchen sein, daß die Zeitläufe auf eine Art Rehabilitierung der deutschen Soldaten hinauslaufen. Diese Aufwertung des Ansehens der in der Vergangenheit so stigmatisierten Schicht ist nicht so sehr einem Meinungswandel im eigenen Lande zuzuschreiben als vielmehr pragmatischen Notwendigkeiten, denen sich unsere Verbündeten in der NATO und den VEREINTEN NATIONEN gegenübersehen. Wollte man zunächst wohl nur Deutschlands Militärpotential in Europa einbinden, so braucht man die Soldaten der bedeutendsten Mittelmacht in Europa nun auch aus eigenen politischen (und wirtschaftlichen) Interessen und daraus entwickelte sich eine Kooperation, die schließlich unvermeidlich in eine zunehmende Anerkennung einmündete. Eben das aber ist dem in Deutschland so tief verwurzelten Pazifismus der Protestanten, Katholiken, Sozialisten und Kommunisten, von den Grünen nicht zu reden, verständlicherweise eine Greuel. Und so werden aus diesem Lager nur umso größere Anstrengungen gemacht, die Stigmatisierung der Soldaten aufrecht zu erhalten oder wenn möglich gar zu verstärken, und diesen Bemühungen kommt eine Reihe von Gegebenheiten entgegen.

Im politischen Feld zeigt sich zwar, daß die beiden großen Volksparteien, die CDU/CSU und die SPD, dazu die FDP, also eine überwiegende Mehrheit, immer dann, wenn es darauf ankommt, sich hinter die Soldaten stellten. Das haben die Bundestagssitzungen nach dem Soldaten-Mörder Urteil des Bundesverfassungsgerichtes vom 19. September 1994 und auch anläßlich des 40jährigen Jubiläums der Bundeswehr im Oktober 1995 bewiesen. Auf der anderen Seite ist eine Rücksichtnahme der SPD auf ihren pazifistischen linken Flügel nicht zu übersehen, und wenn die Frage erörtert wird, ob es denn nun nicht an der Zeit sei, Deserteure ohne Prüfung der Motive im Einzelfalle nicht nur wirtschaftlich zu rehabilitieren, sondern sogar zu ehren, haben sich nicht wenige Politiker auch aus dem bürgerlichen Lager als ungewöhnlich aufgeschlossen gezeigt. Ein ungestörtes Verhältnis zu der Rolle der Soldaten in der Gesellschaft gibt es trotz aller internationaler Ermutigung bis heute weder in dem politischen Raum unseres Landes, noch im Raum der breiten Öffentlichkeit. Der Vorsitzende der SPD erschien nicht zur Feier des Zapfenstreiches anläßlich des 40sten Jahrestages der Bundeswehr und die Gäste der Festveranstaltung mußten sich "Mörder-Mörder"-Rufe anhören, weil die 3. Kammer des 1. Senates des Bundesverfassungsgerichtes erlaubt hatte, Soldaten Mörder zu nennen.

Diese Lage korrespondiert mit der Tatsache, daß inzwischen der Durchmarsch der 68er Kulturrevolutionäre durch die Institutionen nicht nur in der Politik bei den Enkeln, sondern auch in der Justiz und dort nicht zuletzt im Bundesverfassungsgericht angekommen ist. Die Richter und Richterinnen des Soldaten-Mörder Urteils von 1994 waren alle drei geborene 68er: Helga Seibert 1968 29 Jahre alt, Dieter Grimm 31 und Renate Jaeger 28 Jahre. Die beiden Richterinnen sind SPD-Mitglieder, Grimm kommt aus dem neomarxistischen Umfeld der Frankfurter Schule Max Horkheimers und Theodor W.

Adornos. Der damalige Vorsitzende des 1. Senates, der Vizepräsident des Bundesverfassungsgerichtes, Professor Dr. Johann Friedrich Henschel, hat darauf hingewiesen, daß die Äußerung "Soldaten seien potentielle Mörder" sich auf ein Kollektiv beziehe, das *keine beleidigungsfähige Mehrheit* darstelle, aber er hat neben dieser einigermaßen spitzfindig anmutenden Begründung wenigstens eingeräumt, daß der kränkende Charakter dieser Äußerung auch auf die einzelnen Soldaten durchschlagen könne, und daß eben diese differenzierte Betrachtung bei dem Urteil der Kammer keine Berücksichtigung gefunden hätte. Geholfen hat diese Anmerkung bei der neuerlichen Abfassung des Soldaten-Mörder-Urteils, die am 7. November 1995 vorgestellt wurde, allerdings nicht. Zu entscheiden war, als am 10. Oktober 1995 der 1. Senat das neue Urteil fällte, über vier Fälle in denen Mörder-Äußerungen in unteren Instanzen zu Verurteilungen geführt hatten. Der 1. Senat des Bundesverfassungsgerichtes hob nun drei dieser Urteile mit einer Mehrheit von 5:3 Stimmen auf. In einem Falle wurde das Urteil einstimmig gefaßt. Die Richterin Evelyn Haas gab zu den Mehrheitsurteilen ein Sondervotum ab. Das Abenteuerliche dieses Urteils ist seine Begründung: Strafbar bleibe, wenn ein einzelner Soldat Mörder geheißen werde (Schmähkritik), strafbar bleibe auch, wenn die Bundeswehr als Mörder beschimpft werde, aber Soldaten als solche Mörder zu nennen, stehe jedem weiterhin frei. Die Bundeswehr ist also eine beleidigungsfähige Mehrheit, Soldaten nicht. Bei der Diskussion über das Schutzbedürfnis des Einzelnen ließ sich das Gericht vor allem von dem, in der NEUEN JURISTISCHEN WOCHENSCHRIFT vom 5. Juli 1995 veröffentlichten Papier des Verfassungsrichters des 1. Senates, Professor Dr. Dieter Grimm, beeindrucken, eben jenes Grimm aus dem neomarxistischen Umfeld Adornos und Horkheimers. In dieser Schrift heißt es. "Meist wird daher die Qualifizierung einer umstrittenen Äußerung als Meinungsäußerung oder Tatsachenbehauptung auf einer Isolierung einzelner Teile aus ihrem sprachlichen Kontext beruhen. Das ist berechtigt, soweit dadurch der Sinn der Äußerung nicht verloren geht oder verfälscht wird. Kann eine Trennung dagegen nicht ohne Sinnverfälschung vorgenommen werden, muß die Äußerung insgesamt als Meinungsäußerung betrachtet und in den Schutz des Grundrechtes einbezogen werden". Unter diesen Bedingungen aber ist, zumindest praktisch, fast jede Beleidigung erlaubt.

Immerhin zieht das Urteil in diesem Punkt dann doch gewisse schwammige Grenzen, aber was bleibt, ist, daß deutsche Soldaten Mörder genannt werden können (außer, wenn sie zufällig in der Bundeswehr dienen). Aber wie hätte das Urteil auch anders ausfallen können bei einer Mehrheit von Richtern, die von Jugend an durch die Verachtung ihrer Väter geprägt war. Am 13. Oktober 1995, drei Tage nachdem der 1. Senat das Soldaten-Mörder-Urteil bestätigte, wurde er turnusgemäß umgebildet. Mit den Augen der neuen Besetzung hätte man die Soldaten vielleicht doch nicht mehr Mörder schimpfen dürfen.

Aber das ist noch nicht alles. Zu den Bemühungen, die Stigmatisierung der Soldaten aufrecht zu erhalten, gehört auch, daß die von der "roten Zelle" des MGFA und

Heers Ausstellung als verbrecherische Organisation begriffene Wehrmacht als Bindeglied zur Bundeswehr dargestellt wird. Schließlich waren es Offiziere, ja Generäle der Wehrmacht, wie Dr. Hans Speidel und Adolf Heusinger, die an der Wiege der Bundeswehr standen und schließlich hatten mehr als 10.000 ehemalige Wehrmachtsoffiziere und eine noch größere Anzahl von Unteroffizieren dafür gesorgt, daß es die Bundeswehr heute gibt.

Als Abwehr gegen diese Unterstellung entwickelte die Bundeswehr eine Abwehrstrategie, die zwar naheliegt, aber Gefahren birgt. Wolf Graf Baudissin, mit dem der Autor befreundet war, schrieb 1966 noch in seinem Buch "Armee gegen den Krieg": "Die Geschichte der Inneren Führung der Wehrmacht ist noch nicht geschrieben. Käme sie zustande, so ginge wohl daraus hervor, daß im Kriege in gut geführten Einheiten vieles bereits praktiziert wurde, was in der Bundeswehr durch die Gegensätze der zeitgemäßen Menschenführung institutionalisiert ist. Innere Führung will nichts anderes als so viel wie möglich von diesen Kriegserfahrungen in die Friedensausbildung hinüberretten, mit den Grundlagen des Rechtsstaates verbinden, den Lebensformen des Kriegsbildes wie Handwerk anpassen". Dieser von Graf Baudissin, einem Sozialdemokraten, geforderte Übergang von dem Besten, was es in der Wehrmacht gegeben hatte, zu der neuen Armee der Demokratie, der Bundeswehr, wurde dann durch den von dem Sozialdemokraten Hans Apel verfügten Traditionserlaß von 1982 vom Tisch gewischt. Was für Apel damals wahrscheinlich nicht mehr als der Vollzug seines zugespitzten sozialdemokratischen, mit viel Pazifismus verbundenen Demokratieverständnisses war, führte dann auch unter bürgerlichen Regierungen folgerichtig zu einer Abwendung des Verteidigungsministeriums von allem, was mit der Militärgeschichte des Verteidigungsministeriums zusammenhing. Die bemerkenswerte Vernachlässigung der Aufsichts- und Fürsorgepflichten des Ministeriums den Beamten des MGFA gegenüber, ist nur mit dem Wunsch zu erklären, gestützt auf den Traditionserlaß möglichst nichts mehr mit der Wehrmacht zu tun zu haben. So konnte dann die "rote Zelle" im MGFA in aller Ruhe weiter an ihrer Verbrecherjagd werkeln und wurden alle, die solche Unternehmen als nicht wissenschaftlich empfanden und protestierten, auf die eine oder andere Weise ins Abseits gestellt.

Da sich das alles mehr oder weniger unter Ausschluß der Öffentlichkeit vollzog, die Offiziere im Ministerium ein vielleicht allzu ausgeprägtes Gefühl für politische Windrichtungen hatten und die Soldatenverbände völlig eingeschüchtert, sich nicht zu rühren wagten, gelang es, alle Unterscheidungen zwischen der wahrscheinlich winzigen Minderheit, die an Verbrechen, Verfehlungen, Untaten und Unmenschlichkeiten während des Krieges in der Wehrmacht beteiligt waren, den Soldaten und Offizieren, die in diesem Kriege soldatische Anständigkeit bewahrten, nationalsozialistischem Wahnsinn entgegentraten oder verbrecherische Befehle sabotierten und schließlich der überwiegenden Mehrheit von Menschen, die aus welchen Gründen auch immer mit Verbrechen überhaupt nicht in Berührung gekommen waren, einzuebnen und zu dem Horrorbild einer alle Soldaten der Wehrmacht pauschal erfassenden Verbrecherorganisation einzuschmelzen. "Vor pauschalisierenden Urteilen über *die* Soldaten oder *die* Wehrmacht," schreibt der Generalinspekteur Klaus Naumann in der ZEIT-Publikation ZEITPUNKTE im März 1995, "sollte man sich hüten. Tragfähige historische Urteile setzen sorgfältig erarbeitete und methodische abgesicherte Forschungsergebnisse voraus. Nur durch Differenzierung kann man der historischen Wahrheit näherkommen." Und weiter: "Die Bundeswehr ist 1955 als eine Neugründung geschaffen worden, aber sie ist nicht geschichtslos. Schon ihre Gründung am 200sten Geburtstag Scharnhorsts ist eine bewußte Anknüpfung an die deutsche Geschichte." Aber im Vorwort schreibt er: "Eine Gleichsetzung von Bundeswehr und Wehrmacht darf es noch nicht einmal andeutungsweise geben." Freibrief also erneut für die "rote Zelle" im MGFA? Naumanns eindrucksvolles Plädoyer gegen die pauschalisierende Verurteilung der Wehrmacht erschien in ZEITPUNKTE als letzter und fünfzehnter Beitrag. Zuvor hatten Messerschmidt, (MGFA), Wette, (MGFA), Heer, die ZEIT-Redakteure Karl-Heinz Janßen und Benedikt Erenz und dazu weitere sieben Gesinnungsgenossen Gelegenheit gehabt, ihre pauschalisierende Verbrecher-These ausführlich darzulegen.

Heers Ausstellung will die Legende von der "sauberen Wehrmacht" zerstören. Nur gibt es diese Legende, die nach dem Kriege vielleicht für einige Zeit enstanden gewesen sein mag, längst nicht mehr. Seit dem Nürnberger Hauptkriegsverbrecherprozeß, einigen Folgeprozessen in Nürnberg und weiteren Verfahren vor britischen und französischen Gerichten und als sich dann in den

60er Jahren die Archive der Alliierten für die deutsche Geschichtswissenschaft öffneten, wurde klar, daß es in der Wehrmacht Verbrechen gegeben hatte. Die Empörung gegen Heers Ausstellung bezieht sich auch nicht gegen die Aufarbeitung dieser Verbrechen, sondern auf ihre unglaubliche wissenschaftliche Schlamperei, die pauschalisierende Schuldzuweisung "verbrecherische Organisation", die dann alle 18 Millionen Menschen umfaßt, die einmal in der Wehrmacht gedient haben, und auf Heers infame Propagandamethoden.

Die Ausstellung verknüpft außerordentlich geschickt auf Schrifttafeln vorgestellte Verbrechensvorwürfe mit einer großen Anzahl ihnen zugeordneter Fotos. Angeblich stammen die Fotos aus Archiven Zentral- und Osteuropas, Israels und der USA. Nach Ansicht von Fachleuten kommen als Herkunft eher Zagreb, Belgrad, Minsk und Moskau infrage. Für keines dieser Fotos gibt es einen genauen Quellennachweis. Man weiß also nicht, was sie wirklich darstellen, Vorgänge etwa, die durch das Völkerrecht durchaus gedeckt gewesen sein könnten, oder Bilder von Verbrechen. Mit großer Wahrscheinlichkeit sind zudem zumindest eine Reihe von Fotos gefälscht. Fachleute meinen, auch feststellen zu können, daß sich etwa 75 Prozent der Fotos auf die SS, die SD und Polizeieinheiten beziehen, nicht auf die Wehrmacht. Die auf den Schrifttafeln erhobenen Vorwürfe stellen nur die Anklagen vor, sind gegebenenfalls fälschend verkürzt und in jedem Falle aus dem Zusammenhang gerissen. Die Divisionen, denen Verbrechen vorgeworfen werden, tragen sehr hohe Nummern, gehören also nicht zum Kernbestand der Wehrmacht. Der in der Ausstellung gezeigte Film über den Minsker Prozeß ist ganz offensichtlich sowjetisches Propagandamaterial. Der Film war bereits am 26. Juni 1991 vom SFB in N-3 ausgestrahlt worden. Die pauschalen Vorwürfe wären nur dann zu erhärten, wenn die Originale der Strafprozeßakten vorgelegt würden. Nur weiß das eben das Publikum nicht.

Die vier Beiträge, die Hannes Heer zu dem die Ausstellung begleitenden Buch gleichen Titels: "Vernichtungskrieg..." beigesteuert hat, wurden von Dr. Hartmut Schustereit einer wissenschaftlichen Kritik unterworfen. Dr. Schustereit stellt fest: "Die Prämissen, von denen er (Heer) ausgeht, sind für ihn keine Hypothesen, die er anhand von Quellen entweder verifizieren oder falsifizieren kann, sondern Axiome, die für ihn a priori dogmatisch gelten." Dr. Schustereit kommt zu dem Schluß: "Die Kombination aus Verfälschung von Quellen und pauschalen Verleumdungen von partiell reißerisch-propagandistischen, mit sowjetischen Agitationsvokabular versetzten Formulierungen artikuliert, läßt die eigentliche Zielsetzung erkennen: es geht ganz offensichtlich darum, *die* Wehrmacht soweit wie möglich abzuwerten, um sie kriminalisieren zu können."

So gut wie alle in Heers Ausstellung vorgelegten Vorwürfe sind in den letzten 30 Jahren längst widerlegt worden. Dabei ergab sich, daß es Verbrechen der Wehrmacht tatsächlich gegeben hat, aber alle wissenschaftlichen Ergebnisse widersprechen auch einer allgemeinen Verwicklung und damit einer kriminalisierenden Pauschalisierung. Seit der Vereinigung der deutschen Staaten und dem Ende der Sowjetunion sind zudem zahlreiche neue Quellen zugänglich geworden, die für viele Vorgänge ein neues Bild abgeben.

Als typisches Beispiel dafür mag das im Oktober 1995 vorgestellte Buch von Dr. Walter Post: "Barbarossa - deutsche und sowjetische Angriffspläne" genannt werden.

Dennoch: Wieviele Anklagen in der Ausstellung "Vernichtungskrieg..." auch in Zukunft noch widerlegt werden können (gegen Heer und seine Ausstellung laufen in Deutschland mehrere Klagen vor Gericht, in Wien ist eine weitere in Vorbereitung), die Ausstellung wird im Schutze des Artikels 5, Absatz 3 bis in das Jahr 1997 weiter gezeigt werden, da *18 Millionen Soldaten eben keine beleidigungsfähige Mehrheit* sind. Der Staat in dem wir leben, schützt dankenswerterweise Minderheiten, verleumdete Mehrheiten schützt er nicht.

Was bleibt, ist der Versuch, wenigstens die eigentliche Quelle dieser Diffamierung der Wehrmacht zu stopfen, ist die unermüdliche Bemühung, die Parteien, das Verteidigungsministerium, den Verteidigungsminister von der Notwendigkeit einer Reform des MGFA zu überzeugen. Dabei stehen vier Forderungen im Vordergrund:

1. Die Forderung, den Band 1 der Reihe "Das Deutsche Reich und der Zweite Weltkrieg" zurückzuziehen und völlig neu zu konzipieren. Zu realisieren ist diese Forderung natürlich nicht, aber sie gibt der dritten Forderung in dieser Liste zusätzliches Gewicht;

2. die Forderung, einige Beiträge in Band 4 der Reihe "Das Deutsche Reich und der Zweite Weltkrieg" im Lichte der inzwischen neu gewonnenen Erkenntnisse und Unterlagen gründlich zu überarbeiten. Auch das wird so nicht möglich sein. Aber die Aussagen dieses Bandes bedürfen der Ergänzung, wenn nicht anders, dann vielleicht durch die Ergebnisse eines internationalen Symposions, die als Zusatz zu dem Band gestaltet werden könnten;

3. die Forderung, für den geplanten Band 9 "Staat und Gesellschaft im Krieg 1939 bis 1944/45" das derzeitige Bearbeitungsteam Jürgen Förster, Manfred Messerschmidt und Gerd Ueberschär komplett auszuwechseln. Eine Mitteilung, welches Autorenteam für den Band 10, der offensichtlich das Ende des Weltkrieges in Deutschland behandeln soll, vorgesehen ist, wurde dem Autor von Herrn Rahn verweigert;

4. die Forderung, die Stellung des Beirates wesentlich zu stärken. Es gelte, das in dem Amt grundsätzlich vorgesehene Gleichgewicht zwischen der militärischen und der wissenschaftlichen Komponente so zu sichern, daß einerseits der Artikel 5, Absatz 3 ("Kunst und Wissenschaft, Forschung und Lehre sind frei. Die Freiheit der Lehre entbindet nicht von der Treue zur Verfassung") Genüge getan würde, anderseits aber auch die Erfüllung der Aufgaben des Amtes als einer Einrichtung der Bundeswehr und damit des Staates gesichert bliebe. Dabei gebührt dem Staat und seinem Wunsch nach Solidarität der Vorrang. Extreme, diese Solidarität sprengende Meinungen darf, soll und muß

es in einer Demokratie geben, nur gehören sie nicht in die Ämter der Exekutive, weil die *Freiheit der Lehre nicht von der Treue zur Verfassung entbindet* und die Treue zur Verfassung die Voraussetzung der Exekutive ist.

Als Alternative böte sich an, alles, was bisher schief gelaufen ist, einfach zu vergessen, Soldaten weiterhin als Mörder beschimpfen zu lassen und auf die wachsende internationale Beliebtheit unserer Tornados zu setzen. Das wäre den Soldaten, die in diesen Tornados fliegen, zwar nicht mehr begreiflich zu machen, aber es wäre einfacher.

Anlage 1

Brief von Dr. Joachim Hoffmann an den Amtschef Oberst i.G. Hackl wie in dem Urteil des Landgerichtes Freiburg vom 19. Juni 1984 wiedergegeben.

"Der Kläger beanstandet aus dem Schreiben vom 7. November 1983 vor allem folgende Passagen:

Obwohl der verantwortliche Leiter der sowjetischen Politik, Volkskommissar Molotov, in seiner Rede vor dem Obersten Sowjet am 31. Oktober 1939 die Republik Polen offiziell eine 'Mißgeburt des Versailler Vertrages' nannte, von der nach einem 'einzigen Schlage', 'erst seitens der deutschen, dann seitens der Roten Armee', nicht mehr übrigblieb, sollte ich veranlaßt werden, meine Darstellung der Komplizenschaft der Sowjetunion bei dem Angriff auf Polen und bei der Liquidierung dieses Staates zu streichen oder zu verschleiern. Ebenso sollte verschwiegen werden, daß Stalin in seiner Erklärung vom 29. November 1939 England und Frankreich offiziell als die Schuldigen an der Ausweitung und Fortdauer des Krieges bezeichnet hatte (S. 78-86, S 88 ff).

Im Einklang mit der Grundthese, die Sowjetunion sei 'ein friedlicher Staat' 'kein aggressiver Staat' gewesen, wurde auch versucht, auf meine Darstellung des sowjetischen Offensivaufmarsches Einfluß zu nehmen. So wurde mir nahegelegt, meine Ausführungen so zu verdrehen, daß der sowjetische Aufmarsch ab 1940 nur als eine Reaktion auf einen angeblichen deutschen Aufmarsch zu verstehen sei...

Und schließlich sollte ich sogar veranlaßt werden, ein Zitat des sowjetischen Verteidigungsministers und Marschalls der Sowjetunion Gretschko zu streichen, daß allein die Fronttruppen, keinesfalls aber die Regierung und die höheren Führungsstellen der Armee von dem deutschen Angriff überrascht worden seien. Entsprechend der These von einem deutschen Überfall, einem deutschen Überraschungsangriff, sollte dennoch selbst ein gewichtiges und authentisches Zeugnis von höchster sowjetischer Stelle unterdrückt werden, weil es diese These widerlegte (S. 713).

Im Einklang mit der blasierten Geringschätzung von Operationsdarstellungen wußte auch Herr Dr. Deist in den ausgedehnten operativen Teilen meines Beitrages nicht allzuviel vorzubringen....

Als ich mir erlaubte, beiläufig auszuführen, daß ja auch die Rote Armee die Methode der Belagerung und Beschießung fester Plätze - so in Königsberg und Breslau - rücksichtslos angewandt und der zeitweilige Verteidiger von Leningrad, Marschall der Sowjetunion, Zukov, sich geradezu damit gebrüstet hatte, 1.800 00 Artilleriegranaten auf das verteidigte Berlin abgefeuert zu haben, sollte ich veranlaßt werden, diesen Passus zu streichen mit der fadenscheinigen Behauptung, es handele sich nicht um 'zeitgleiche Belege' (S. 740 ff).

Nachdem Herr Dr. Deist schon verschiedentlich beanstandet hatte, daß nun auch ich zur Wahrung eines ausgewogenen Geschichtsbildes auf die ganz analogen Untaten auf sowjetischer Seite zu sprechen kam, verlangte er am 21. Juli 1981 von mir die vollständige und ersatzlose Streichung meines ohnehin knapp genug gehaltenen Kapitels über die 'Methoden des Vernichtungskrieges' auf sowjetischer Seite mit der Begründung, wir schreiben schließlich ein 'deutschlandzentrisches' Werk in dem hierfür kein Platz sei. 'Deutschlandzentrisch' heißt mit anderen Worten also Breittreten der Untaten auf deutscher Seite, restloses Verschweigen der Untaten auf sowjetischer Seite. Der verantwortliche Projektgruppenleiter nutzte seine amtliche Eigenschaft also dazu aus, um an einen Autor das Ansinnen zu richten, seine Zustimmung zu einer groben Verfälschung der Geschichte im Sinne einer Unterdrückung der Untaten des stalinistischen Terrorsystems zu geben.

Ich bitte Sie, Herr Oberst, selber zu beurteilen, inwieweit ich die fachliche und moralische Kompetenz von Herrn Dr. Deist auf dem Gebiet der Geschichte des Zweiten Weltkrieges noch anzuerkennen und seine Ratschläge künftig noch ernst zu nehmen vermag."

ANLAGE 2

Die Klage von Dr. Deist

Der Kläger beantragt:

1. Der Beklagte wird verurteilt, es zu unterlassen, über den Kläger zu behaupten:

1.1 er habe den Beklagten veranlassen wollen, seine Darstellung der Komplizenschaft der Sowjetunion bei dem Angriff auf Polen und bei der Liquidierung dieses Staates zu streichen oder zu verschleiern. Ebenso sollte verschwiegen werden, daß Stalin in seiner Erklärung vom 19.11.1939 England und Frankreich offiziell als die Schuldigen an der Ausweitung und Fortdauer des Krieges bezeichnet hatte;

1.2 der Kläger habe versucht, im Einklang mit der Grundthese, die Sowjetunion sei ein friedlicher Staat, kein aggressiver Staat gewesen, auf seine Darstellung des sowjetischen Offensivaufmarsches Einfluß zu nehmen, und habe ihm nahegelegt, seine Ausführungen so zu verdrehen, daß der sowjetische Aufmarsch ab 1940 nur als eine Reaktion auf einen angeblichen deutschen Aufmarsch zu verstehen sei;

1.3 er habe den Beklagten veranlassen wollen, ein Zitat des sowjetischen Verteidigungsministers und Marschalls der Sowjetunion Gretschko zu streichen, daß allein die Fronttruppen, keinesfalls aber die Regierung und die höheren Führungsstellen der Armee von dem deutschen Angriff überrascht worden seien. Entsprechend der These von einem deutschen Überfall, einem deutschen Überraschungsangriff, sollte ein gewichtiges und authentisches Zeugnis von höchster sowjetischer Stelle unterdrückt werden, weil er diese These widerlegte.

1.4 Als der Beklagte anführte, daß ja auch die Rote Armee die Methode der Belagerung und Beschießung fester Plätze - so in Königsberg und Breslau - rücksichtslos angewandt und der zeitweilige Verteidiger von Leningrad, Marschall der Sowjetunion Zukov, sich geradezu damit gebrüstet habe, 1.800 000 Artilleriegranaten auf das verteidigte Berlin abgefeuert zu haben, habe der Kläger den Beklagten veranlassen wollen, diesen Passus zu streichen mit der fadenscheinigen Behauptung, es handele sich nicht um zeitgleiche Belege.

1.5 Er habe von dem Beklagten die vollständige und ersatzlose Streichung seines ohnehin knapp genug gehaltenen Kapitels über die 'Methoden des Vernichtungskrieges' auf sowjetischer Seite mit der Begründung verlangt, daß wir schließlich ein 'deutschlandzentrisches' Werk schreiben, in dem hierfür kein Platz sei. 'Deutschlandzentrisch' heiße mit anderen Worten also Breittreten der Untaten auf deutscher Seite, restloses Verschweigen der Untaten auf sowjetischer Seite;

Ferner habe er seine amtliche Eigenschaft dazu ausgenutzt, um an den Beklagten das Ansinnen zu richten, seine Zustimmung zu einer groben Verfälschung der Geschichte im Sinne einer Unterdrückung der Untaten des stalinistischen Terrorsystems zu geben.

STIMMEN ZU DER STREITSCHRIFT

Bundespräsidialamt - Oberst 1.G. Heider: "Der Herr Bundespräsident dankt Ihnen vielmals für Ihren Brief, den beigefügten Artikel aus der WELT und Ihre Streitschrift. Er hat diese Unterlagen mit großem Interesse gelesen. Leider kann er wegen der Vielzahl der täglich eingehenden Briefe nicht jeden selbst beantworten. Deshalb hat er mich gebeten, dies für ihn zu tun. Auch ich finde Ihre Streitschrift höchst bemerkenswert und interessant."

Bundespräsident a.D. Richard v. Weizsäcker: "Die Auffassung der verantwortlichen Aussteller über die Verbrechen der Wehrmacht teile ich nicht. Ohne Zweifel hat es auch innerhalb der Wehrmachtsverantwortung schwere Verbrechen gegeben. Es ist gut, davor die Augen nicht zu verschließen, so hart es ist. Anderseits wird im Zusammenhang mit der Ausstellung ein Pauschalurteil gefällt, das historisch, moralisch und menschlich nicht aufrecht zu erhalten ist."

Bundeskanzleramt - gez. Kretschmer: "Der Herr Bundeskanzler hat mich gebeten, Ihnen für Ihr Schreiben vom 17. November 1995, mit dem Sie Ihre Streitschrift übersandt haben, zu danken und Ihnen zu antworten.
Was die Kriegsgeneration an Beispielen militärischer Tüchtigkeit, Tapferkeit, Opfermut und Kameradschaft erbracht hat und in zahlreichen Zeugnissen sittlicher Bewährung und Menschlichkeit vorlebte, gehört zum

unbestrittenen Erbe der deutschen Wehrgeschichte. Den Soldaten, die ehrenhaft gehandelt und tapfer gekämpft haben, gebührt Anerkennung und Respekt."

Prof. Dr. Edzard Schmidt-Jortzig, Bundesminister der Justiz: "Ungeachtet der strafrechtlichen Frage bin auch ich der Auffassung, daß die historische Aufarbeitung der Wehrmacht der wissenschaftlichen Objektivität verpflichtet sein muß und Pauschalierungen sowie Generalisierungen nur auf empirisch gesicherter Grundlage vertretbar sind."

Johannes Rau, Ministerpräsident des Landes Nordrhein-Westfalen: "Ich bin allerdings wie Sie der Ansicht, daß sich die Nachgeborenen vor Selbstgerechtigkeit hüten sollten; ich bin der Meinung, daß es auch in dieser Beziehung für uns Deutsche keine Gnade der späten Geburt gibt und geben darf. Ebensowenig tragen Pauschalurteile zur historischen Klärung und Erklärung bei. Auf der anderen Seite sollen und müssen aber vor allem die jungen Menschen bei uns kritische Fragen an die deutsche Geschichte stellen, und solche Fragen scheinen mir gerade in bezug auf die Deutsche Wehrmacht im Zweiten Weltkrieg dringend geboten zu sein. Denn nicht das Verdrängen und das Verschweigen, sondern das Erinnern ist die notwendige Voraussetzung für jene Versöhnung, von der Sie schreiben und die mir - wie Sie zu Recht annehmen - sehr am Herzen liegt.
Noch einmal vielen Dank für Ihren Brief und Ihre Streitschrift. Beides hat mich erneut zu tieferem Nachdenken angeregt.

Ministerpräsident des Landes Baden-Württemberg, Erwin Teufel:
"Wenn gegen unsere Soldaten der Vorwurf erhoben wird, sie gehörten einer verbrecherischen Organisation an, haben wir uns vor sie zustellen".

Hans Klein, Vizepräsident des Deutschen Bundestages:
"Ihre Ausarbeitung finde ich hervorragend, vor allem wegen der akribischen Recherchen, auf denen sie fußt."

Professor Dr. Rupert Scholz, stellv. Vorsitzender der CDU/CSU Bundestagsfraktion: "Ich habe diese Streitschrift mit großem Interesse und großer Zustimmung gelesen."

Michael Glos, Vorsitzender der CSU Landesgruppe:
"Ich darf Ihnen danken, daß Sie in besonderer Weise um die Wahrheit über die Soldaten der deutschen Wehrmacht bemüht sind. Wir dürfen es nicht zulassen, wenn versucht wird, die Geschichte der deutschen Wehrmacht aus einem bestimmten ideologischen Blickwinkel heraus umzuschreiben."

Dr. Klaus Rose, Vorsitzender des Verteidigungsausschusses: "Der Vorsitzende der CSU Landesgruppe, Herr Michael Glos, hatte...mich gebeten, das Bundesministerium der Verteidigung um eine Stellungnahme zu ersuchen. Mit Schreiben vom 27. Dezember wurde dies veranlaßt."

Professor Dr. H.U. Thamer, Vorsitzender des ständigen Beirates des MGFA: "Wir werden in den nächsten Wochen eine Stellungnahme des Beirates zu den von Ihnen aufgeworfenen Fragen an den Verteidigungsminister senden."

Norbert Geiss, Vorsitzender der Arbeitsgemeinschaft Recht der CDU/CSU-Fraktion: "Ich fand diese Streitschrift außerordentlich interessant. Nochmals herzlichen Dank."

Ulrich de Maizière: "Sie haben den Verdienst, der Öffentlichkeit Vorgänge aus dem MGFA zugängig gemacht zu haben, die bisher nur wenigen in dieser Deutlichkeit bekannt waren."

Dr. Roland G. Foerster, langjähriger Mitarbeiter des MGFA: "Ihr Kenntnisstand zu bestimmten Sachverhalten und Entwicklungen im MGFA und seiner Mitarbeiter ist geradezu verblüffend."

Freiherr von Hiller und Gaertringen, langjähriger Mitarbeiter des MGFA: "Mit dem Ziel der Streitschrift bin ich voll einverstanden."

Vizeadmiral Hans Frank, Stellvertreter des Generalinspekteurs der Bundeswehr: "Ich bin gern bereit, diese Gedanken in einem persönlichen Gespräch - ggf. unter Hinzuziehung des Amtschefs des MGFA - mit Ihnen zu erörtern und zu vertiefen... Ich danke Ihnen nochmals für Ihr Engagement zugunsten der Soldaten."

Das Soldaten-Mörder-Urteil bleibt ein Schandfleck auf der hundertjährigen Geschichte deutscher Soldaten. Unterstützen Sie jeden Vorstoß, das Urteil des Bundesverfassungsgerichtes zu revidieren.

Schreiben Sie an:

Bundespräsident Prof. Dr. Roman Herzog, Kaiser Friedrichstraße 16-18, 53113 Bonn

Bundeskanzler Dr. Helmut Kohl, Adenauerallee 141, 53106 Bonn

Bundesverteidigungsminister Volker Rühe, Postfach 1328, 53001 Bonn

Vizepräsident der Bundestages Hans-Ulrich Klose, MdB, Unter den Linden 69-73, 10117 Berlin

Vizepräsident des Bundestages Hans Klein, MdB, Unter den Linden 69-73, 10117 Berlin

1. stellv. Vorsitzender Michael Glos, Landesgruppe der CDU/CSU-Fraktion, MdB, Bundeshaus, 53113 Bonn

Stellv. Vorsitzender der CDU/CSU Bundestagsfraktion Prof.Dr. Rupert Scholz, MdB, Bundeshaus, 53113 Bonn

Geschäftsführender Vorstand SPD-Fraktion Rudolf Scharping, MdB, Bundeshaus, 53113 Bonn

Bonn Arbeitsgruppe Verteidigung CDU/CSU Paul Breuer, MdB, Bundeshaus, 53113 Bonn

Vorsitzender des Rechtsausschusses Horst Eylmann, MdB, Bundeshaus, 53113 Bonn

Vorsitzender des Rechtsausschusses Dr. Klaus Rose, MdB, Bundeshaus, 53113 Bonn

und an Ihren lokalen Bundestagsabgeordneten.

In der Demokratie kommt es auf jede Stimme an.